URBAN
SKETCHING

URBAN SKETCHING IN FARBE

Shari Blaukopf

Übersetzung: Elvira Willems
Lektorat: Barbara Lauer, Bonn
Copy-Editing und Lektoratsassistenz: Julia Griebel
Satz: Petra Strauch, Bonn
Herstellung: Stefanie Weidner
Umschlaggestaltung: ZitterCraft, Jasmin Zitter, Mannheim, *www.zittercraft.com*

Bibliografische Information der Deutschen Nationalbibliothek.
Die Deutsche Nationalbibliothek verzeichnet diese Publikation in der Deutschen Nationalbibliografie; detaillierte bibliografische Daten sind im Internet über *http://dnb.d-nb.de* abrufbar.

ISBN 978-3-86490-842-2

1. Auflage 2021

Wieblinger Weg 17, 69123 Heidelberg

Title of American original: Urban Sketching Handbook – Working with Color
Published by Quarry Books, a member of Quarto Publishing Group USA Inc.
ISBN: 978-1-63159-680-3

Schreiben Sie uns:
Falls Sie Anregungen, Wünsche und Kommentare haben, lassen Sie es uns wissen: *hallo@dpunkt.de*.

5 4 3 2 1 0

FSC www.fsc.org
MIX
Papier aus verantwortungsvollen Quellen
FSC® C008047

URBAN
SKETCHING

URBAN SKETCHING IN FARBE

Aquarell und andere Techniken für das Zeichnen vor Ort

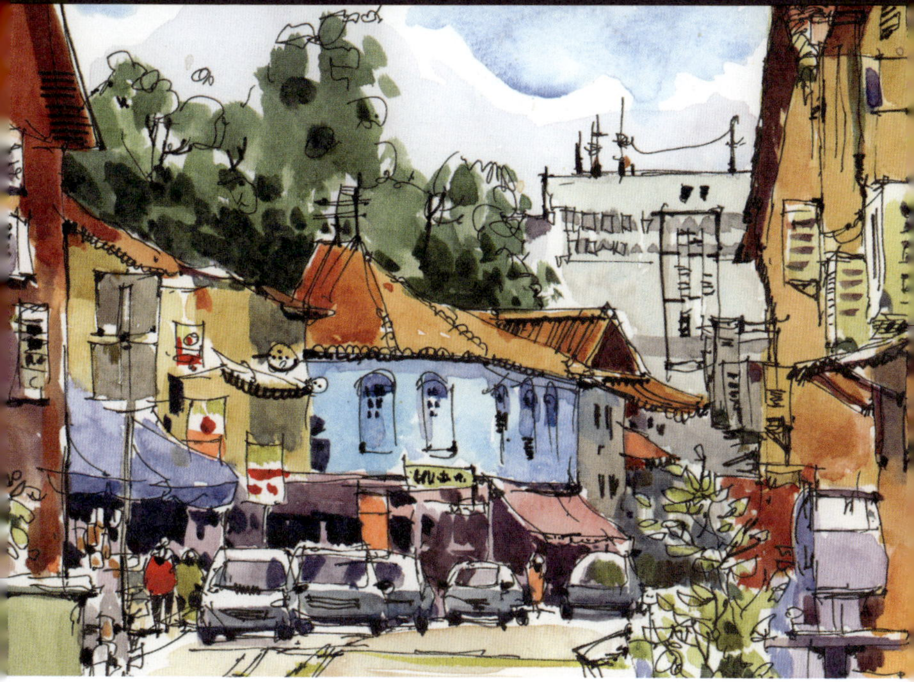

SHARI BLAUKOPF

QUARRY

dpunkt.verlag

Über diese Reihe

Die Reihe der Urban-Sketching-Bücher ist gewachsen und umfasst viele Bereiche – von grundlegenden Techniken zum Zeichnen in der Stadt über Menschen und Bewegung bis hin zum perspektivischen Zeichnen und dem Urban Sketching mit dem Tablet. Die Urban Sketchers haben das Zeichnen neu entdeckt und zum Trend gemacht. In diesen Büchern geben sie ihre Tipps und Tricks an Menschen auf der ganzen Welt weiter, an Erfahrene und solche, die erst am Anfang stehen, mit Stift und Farbe ihre Umgebung zu erkunden und festzuhalten.

Weitere Titel

Stephanie Bower: *Urban Sketching Basics*
ISBN: 978-3-86490-745-6

Gabriel Campanario: *Architektur und Stadtlandschaften*
ISBN: 978-3-86490-287-1

Gabriel Campanario: *Menschen und Bewegung*
ISBN: 978-3-86490-381-6

Stephanie Bower: *Perspektive verstehen*
ISBN: 978-3-86490-481-3

Uma Kelkar: *Urban Sketching mit dem Tablet*
ISBN: 978-3-86490-766-1

DON LOW

Tempel an der Leng Kee Road, Singapur

iPad Pro, Procreate, Apple Pencil

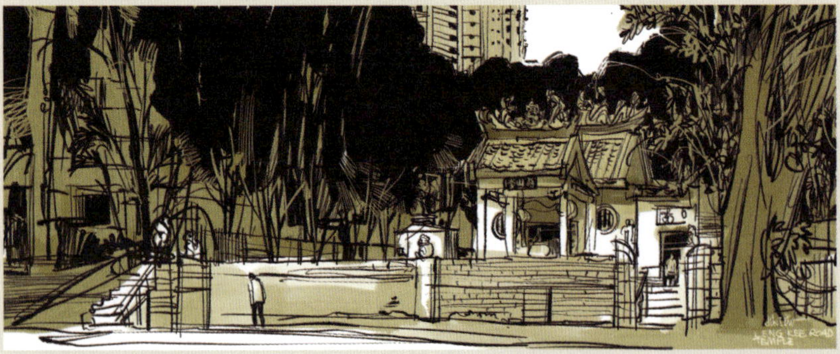

INHALT

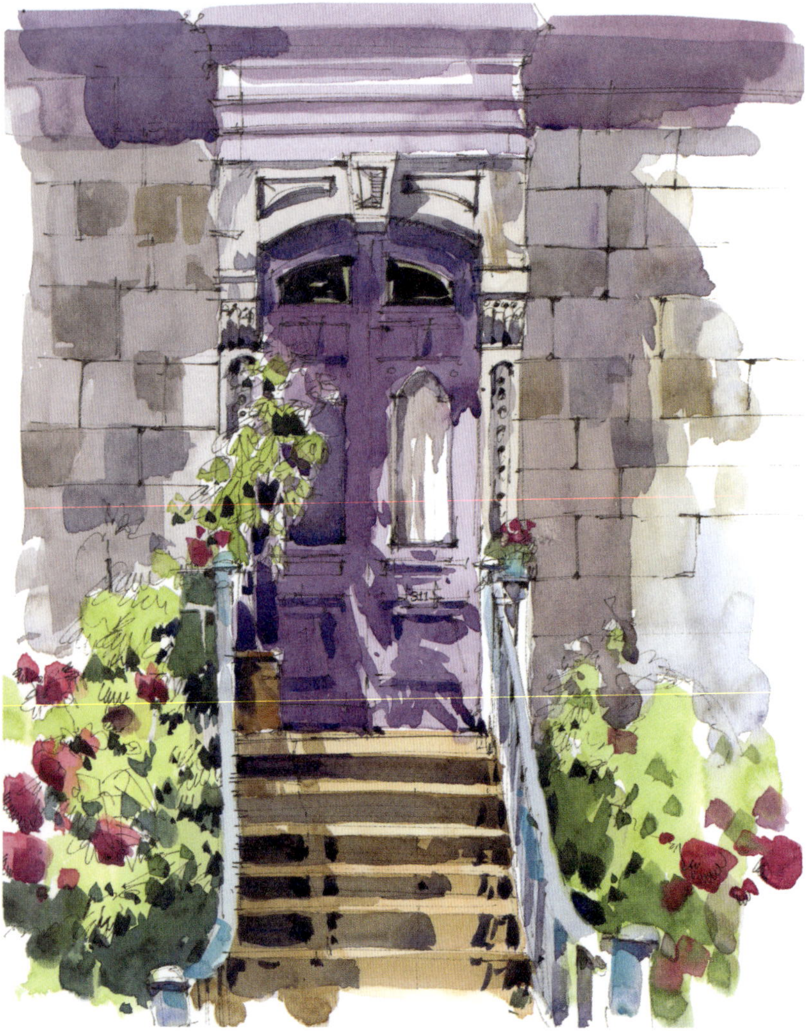

↑ Halten Sie in Ihrer Umgebung Ausschau nach Farben. Als ich an einem der viktorianischen Häuser am Carré St. Louis in Montreal diese lilafarbene Tür mit dem lebendigen Schattenwurf entdeckte, setzte ich mich in den Park gegenüber, um sie zu skizzieren.

SHARI BLAUKOPF

Lilafarbene Tür

26,7 × 21 cm; Tuschestift und Aquarellfarben

EINFÜHRUNG

Nichts ist aufregender als ein Aquarellkasten voller frischer Farben. Das ist für mich wie eine Tüte bunter Bonbons: knallige Gelb-, leuchtende Rot- und dunkle Blautöne. Begierig schwebt mein Pinsel über den Farben, während ich überlege, womit ich anfange. Wenn ich ihn dann eintauche, gibt es nichts Schöneres als den ersten farbigen Pinselstrich auf weißem Papier. Merkt man, dass ich Farben liebe? Einmal habe ich mich sogar dabei ertappt, dass ich beim Autofahren in Gedanken die Farben für eine Szene mischte, an der ich vorüberfuhr – klingt verrückt, ist aber wahr.

Beim Urban Sketching geht es darum, die Welt mit all ihren Reichtümern zu sehen und sich die Zeit zu nehmen, sie aufs Papier zu bannen. Ob auf einem überfüllten Markt an einem exotischen Ort oder im kühlen Schatten eines Baums in der Nähe Ihrer Wohnung, Sie sind von Farben umgeben – von leuchtend und gesättigt bis sanft und gedeckt. Jeder Tag und jede Szene ist anders.

Das Farbgefühl ist etwas sehr Individuelles. Es spiegelt sich in unserer Kleidung und unserer Wohnungseinrichtung und natürlich auch in der Auswahl der Farben für unsere Skizzen. Unsere Farbwahl ist so einzigartig wie unser Zeichenstil. Doch wir sollten auch immer wieder etwas Neues ausprobieren – neue Möglichkeiten erkunden, das, was wir sehen, zum Ausdruck zu bringen. Darum geht es hier.

Urban Sketching in Farbe ist keine Anleitung zum Farbenmischen. Davon gibt es viele. Ich möchte Ihnen vielmehr anhand zahlreicher Beispiele zeigen, wie Ihre Skizzen durch expressive Farben an Ausdruckskraft gewinnen. Ob Sie mit Bleistift, Tuschestiften, Aquarellfarben oder einer Kombination dieser Werkzeuge arbeiten, die Tipps und Illustrationen, die von Zeichnerinnen und Zeichnern auf der ganzen Welt stammen, sollen Sie inspirieren, Neues auszuprobieren, und Ihnen einen frischen Blick auf die Farben in Ihrer Zeichentasche geben.

Farben können singen, sprechen oder flüstern. Die zarten Farben des Laubs um den Ahorn mit den fein abgestuften Grün- und Rottönen der verschiedenen Pflanzen habe ich im frühen Frühling skizziert.

SHARI BLAUKOPF

Ahorn im Frühling

29 × 22,8 cm; Aquarellfarben und Bleistift

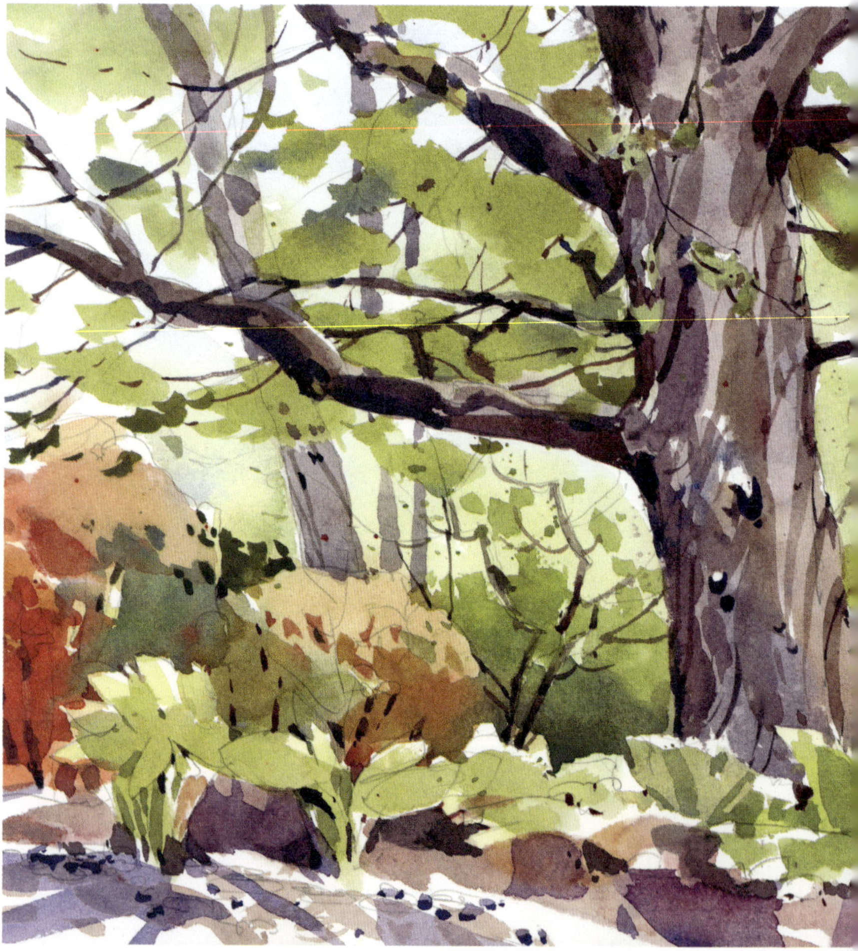

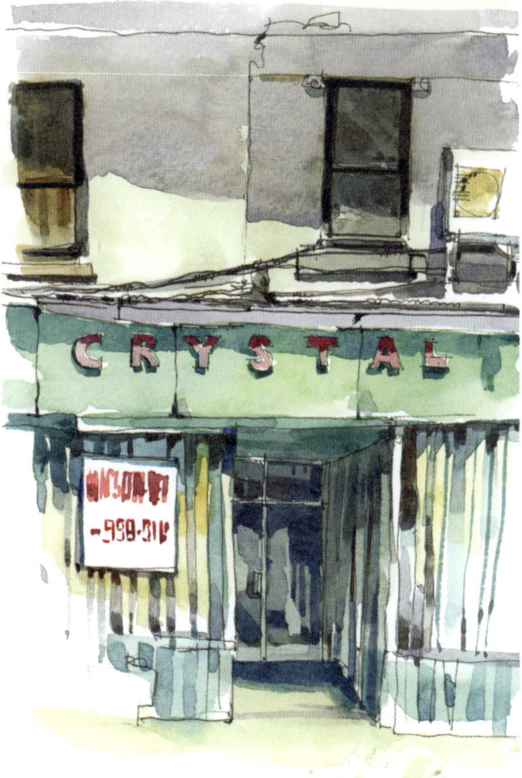

➊ Neutrale Farben sind auf großartige unaufdringliche Weise schön. Vom Fenster eines Cafés auf der anderen Straßenseite zeichnete ich diese heruntergekommene Fassade ... was auch immer Crystal einst war.

SHARI BLAUKOPF

Crystal

13,3 × 21 cm; Tuschestift und Aquarellfarben

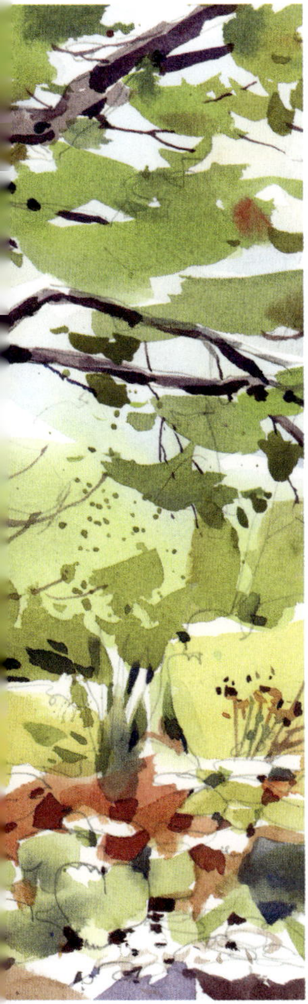

HIER IST PLATZ FÜR IHRE SKIZZE!

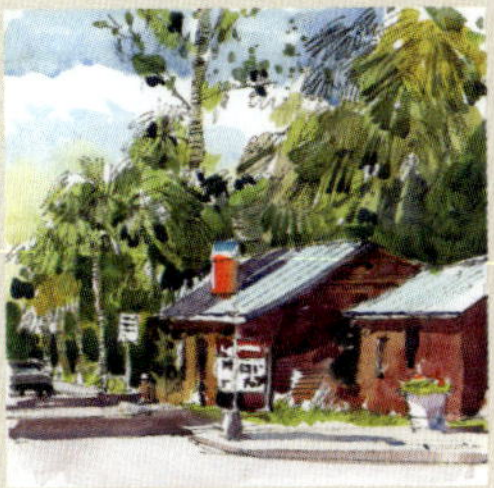

SCHLÜSSEL I
GRUNDLAGEN

Urban Sketching ist spontan und unmittelbar. Auf dem Weg zur Arbeit oder bei anderen Fahrten lege ich oft eine Zeichenpause ein. Wenn ich die richtigen Werkzeuge zur Hand habe, fällt mir das leichter, und die Wahrscheinlichkeit, dass ich zeichne, ist dann auch höher. Steht meine Zeichentasche fertig gepackt an der Tür, bin ich bereit für das, was der Tag bringt – selbst wenn es bedeutet, an einem kalten Tag im Auto zu zeichnen. Nach jahrelangem Herumexperimentieren habe ich meine Zeichenausrüstung inzwischen auf das Wesentliche reduziert.

Weil ich nie weiß, ob ich fünfzehn Minuten zeichnen oder eine Stunde aquarellieren werde, befinden sich in meiner Zeichentasche verschiedene Stifte, ein kleines Aquarellset, zwei kleine Wasserflaschen und mehrere Skizzenbücher in unterschiedlichen Größen. Erfahrene Zeichner reduzieren mit der Zeit ihre Ausrüstung auf das, was sie am häufigsten benutzen. Ob Sie in der Nähe Ihrer Wohnung zeichnen oder Ihre Zeichenutensilien mit auf Reisen nehmen, Sie sollten möglichst unbelastet sein, denn weniger Herumhantieren mit Zeichenwerkzeugen bedeutet mehr Zeit zum Zeichnen.

SHARI BLAUKOPF
Von einer Ecke zur anderen
21 × 21 cm; Tuschestift und Aquarellfarben

Ihr Aquarellkasten für unterwegs

Der Markt bietet eine Vielzahl von Aquarellfarben-Sets. Es gibt viele gute Kästen mit einer Auswahl an Aquarellfarben, doch ich fülle lieber selbst leere halbe Näpfchen mit frischen Tubenfarben. Meine Grundausstattung besteht aus einem kleinen Aquarellkasten mit einer Mischpalette und drei Vertiefungen im Deckel zum Mischen der Farben sowie dreiundzwanzig halben Näpfchen mit meinen Lieblingsfarbtönen (siehe Seite 22 und 23). An der Unterseite ist ein kleiner Ring, mit dem sich der Kasten leicht halten lässt. Ich habe auch immer ein paar Metallklammern dabei, um den Kasten am Skizzenbuch zu befestigen, falls ich beim Zeichnen an einer Straßenecke stehe.

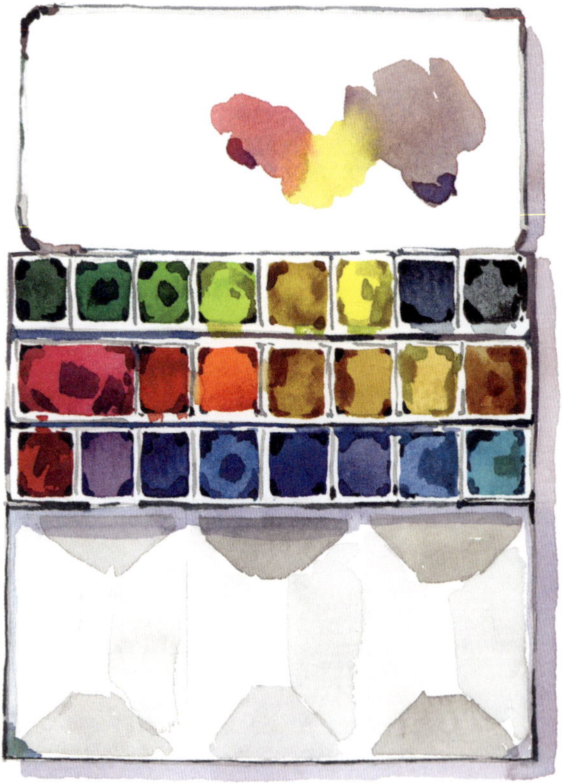

➔ Achten Sie darauf, dass Sie ausreichend Platz haben, um Farben zu mischen. Die drei Vertiefungen sorgen dafür, dass die gemischten Farbtöne nicht zusammenlaufen.

Angetrocknete Farbe

Wenn die Farben in Ihrem Kasten angetrocknet sind, besprühen Sie sie mit ein wenig sauberem Wasser und warten Sie zehn Minuten, um zu sehen, ob sie sich auffrischen lassen. Wenn sie so trocken sind, dass sie Risse haben, ist es an der Zeit, neue Farben zu kaufen!

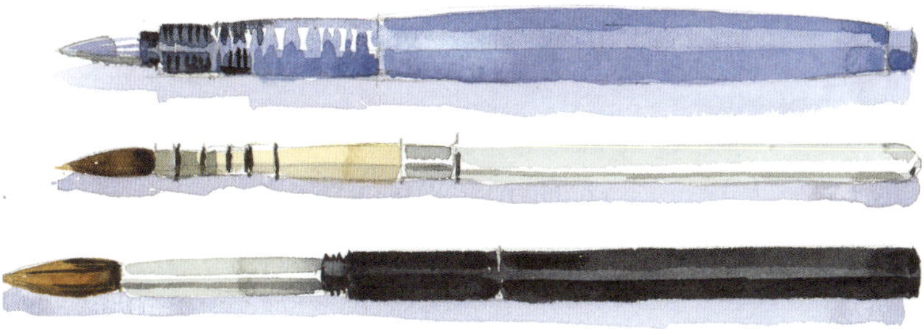

Pinsel und Wasser

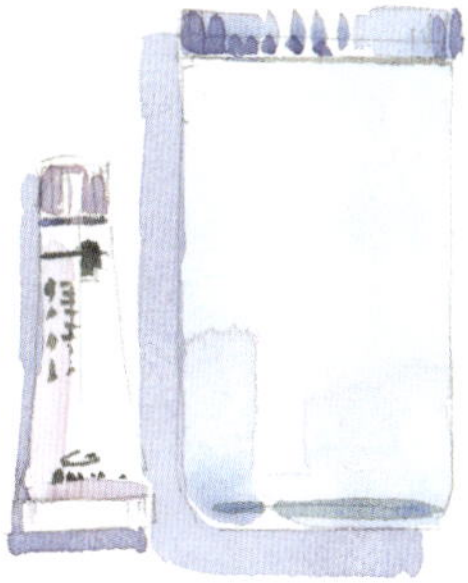

Mehr als einen oder zwei Reisepinsel brauchen Sie für das Urban Sketching nicht. Ein hochwertiger Reisepinsel, der eine feine Spitze hat und viel Farbe halten kann, ist eine gute Investition, an der Sie lange Freude haben. Am besten kaufen Sie ein Modell, bei dem Sie den Pinsel im Griff verwahren können, um die Spitze zu schützen. Pinsel leben länger, wenn Sie sie nach dem Malen mit sauberem Wasser auswaschen und die überschüssige Feuchtigkeit herausschütteln.

Ein Wasserpinsel (ein Pinsel mit einem Wassertank im Plastikgriff) ist auch nützlich. Er ist zwar nicht meine erste Wahl, denn die Spitze hält nicht besonders viel Farbe, doch er ist praktisch, wenn Sie mit Tinte oder wasserlöslichem Bleistift zeichnen und kleine Bereiche einer Skizze anfeuchten möchten. Und auf Reisen.

Zu Ihrer Grundausstattung sollten auch zwei kleine dichte Wasserflaschen gehören (eine zum Malen und eine zum Reinigen der Pinsel) und eine kleine Sprühflasche für das Auffrischen angetrockneter Farben in Ihrem Kasten. Für Details und Helligkeiten habe ich auch immer eine Tube titanweiße Aquarellfarbe dabei. Ich tunke den Pinsel einfach direkt in die Tube und tupfe ein wenig Weiß auf meine Skizze.

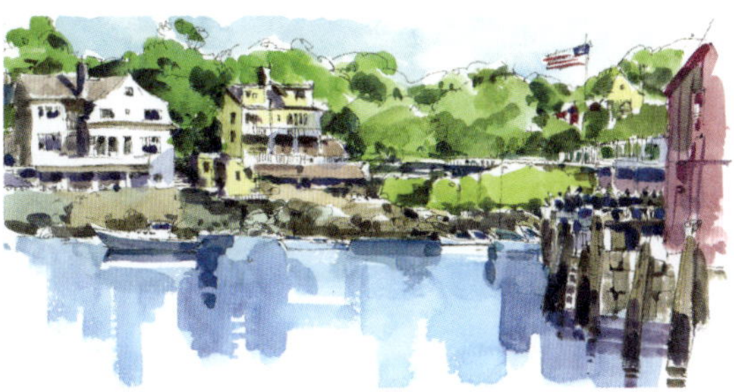

◀ Wenn Sie Ihre Zeichnung farbig gestalten möchten, halten Sie sich mit Linien zurück und lassen Sie Raum für bunte Flecken in dunkleren Farbtönen.

SHARI BLAUKOPF

Blick vom Tuna Wharf

28,7 × 15,24 cm; Tuschestift und Aquarellfarbe

Packen Sie verschiedene Stifte ein

Eine Auswahl zu haben ist immer gut. Da ich nie vorhersehen kann, ob ich mit Tuschestift oder Bleistift zeichnen will, befinden sich in meiner Zeichentasche fünf verschiedene Zeichenwerkzeuge (von oben nach unten): ein Füller mit flexibler Feder und wasserfester Tinte; ein schwarzer Permanentmarker mit feiner Spitze; ein weißer Gelschreiber für zarte Linien an Fenstern, Bootsmasten etc., ein Drehbleistift mit weicher B-Mine und ein Pinselstift mit wasserlöslicher schwarzer Tinte.

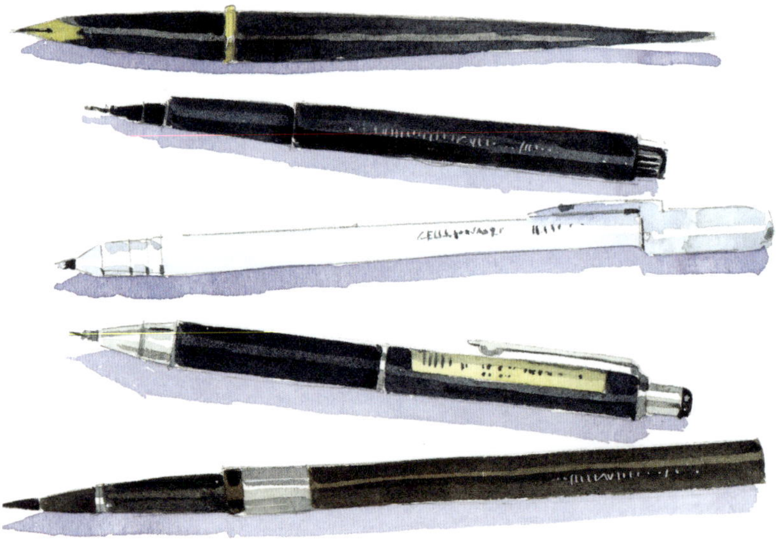

➔ Mit einem Pinselstift können Sie dunkle Bereiche setzen und Linien ziehen, deren Breite sich von sehr dünn bis sehr dick variieren lässt.

SHARI BLAUKOPF

Die »El«

29,2 × 20,3 cm; Pinselstift und Tuschestift

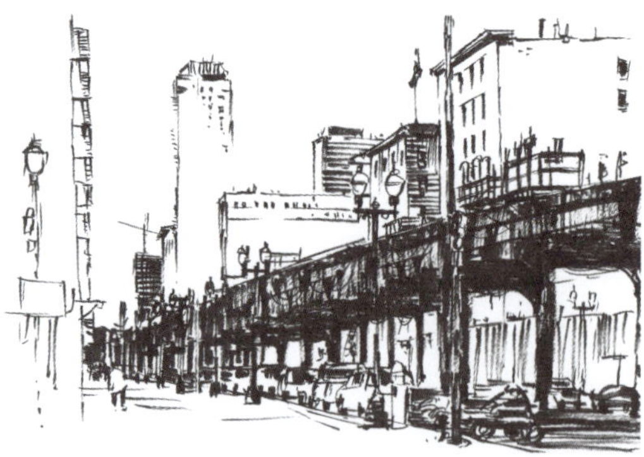

Farbig zeichnen

Urban Sketchers zeichnen oft an Orten, wo nasse Medien nicht erlaubt sind, etwa im Kunstmuseum. Da leisten wasserlösliche Bunt- oder Grafitstifte gute Dienste. Ich lege oft eine Pause im Museumscafé ein und befeuchte die Buntstift- oder Grafitlinien mit einem Wasserpinsel, um satte Farbtöne zu lösen.

Hochwertige wasserlösliche Buntstifte sind äußerst vielseitig. Geben Sie ein wenig sauberes Wasser auf die Buntstiftlinien, um kräftige Farben freizusetzen, und mischen Sie Ihre Farben direkt auf dem Papier – wie hier mit einem Dreiklang aus Dunkelultramarinblau, Purpurrot und Gold Kadmiumgelb.

Farben-Vokabular

Ein paar Schlüsselbegriffe helfen Ihnen beim Verständnis, wie Sie Farben in Ihren Skizzen wirkungsvoll einsetzen können.

Tonwert: Helligkeit oder Dunkelheit einer Farbe

Farbton: Bezeichnung der Farbe

Intensität/Sättigung: Wie strahlend oder stumpf eine Farbe ist

Lokalfarbe: Natürliche Farbe eines Objekts, unbeeinflusst von Licht oder Schatten

Primärfarben: Rot, Gelb und Blau – die Farben, aus denen wir alle anderen Farben mischen. Primärfarben können nicht durch die Kombination anderer Farben erzeugt werden.

Sekundärfarben: Orange, Grün und Lila – die Farben, die wir durch das Mischen zweier Primärfarben erhalten

Tertiärfarben: Mischung aus einer Primärfarbe mit einer Sekundärfarbe

Dreiklang: Drei Farben, die auf dem Farbkreis den gleichen Abstand voneinander haben

Komplementärfarben: Farben, die auf dem Farbkreis direkt gegenüberliegen

Analoge Farben: Farben, die auf dem Farbkreis nebeneinanderliegen

Neutral: Farbe, die nicht mit irgendeinem Farbton assoziiert wird

Monochrom: Farbliche Gestaltung mit verschiedenen Abstufungen eines einzigen Farbtons.

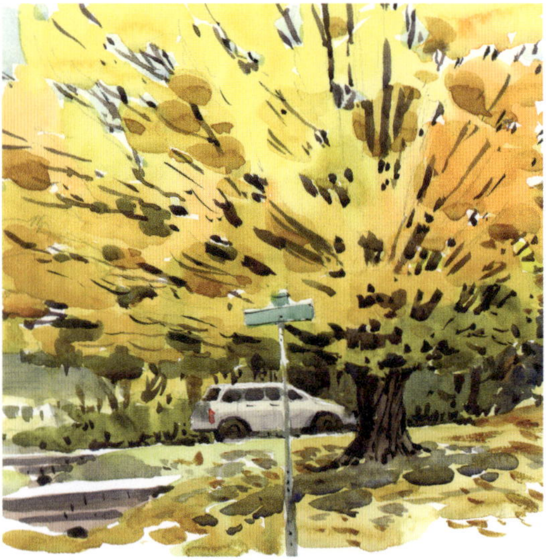

Dieser Ahorn in meinem Viertel hat eine perfekte Kuppelform. Jedes Jahr im Herbst, wenn er langsam die Farbe wechselt, male ich ihn in einem analogen Farbschema von Orange-Gelb, Gelb und Gelb-Grün.

SHARI BLAUKOPF

Mein Lieblingsbaum

21 × 21 cm; Aquarellfarben

➲ Zwei Komplementärfarben zu mischen (zum Beispiel Orange und Blau oder Rot und Grün) ergibt einen neutralen – oder, wie manche sagen würden, »matschigen« – Farbton. Doch für mich sind neutrale Farbtöne eigenständige komplexe und leuchtende Farben, die in einer städtischen Umgebung zahllose Möglichkeiten eröffnen.

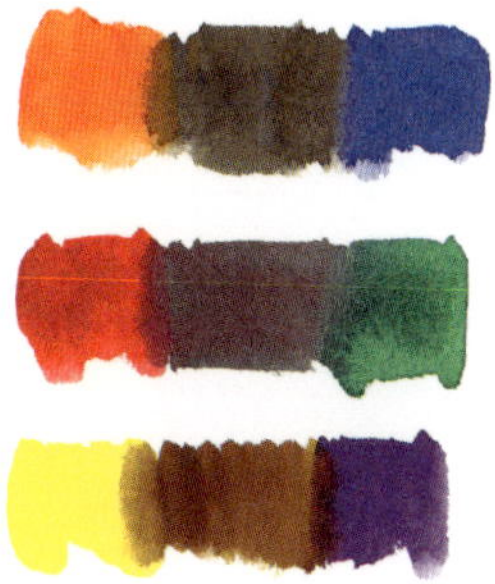

Übung: Erstellen Sie einen Farbkreis

Um Ihre Farbtöne besser kennenzulernen, erstellen Sie mit den Farben in Ihrem Kasten einen Farbkreis. Ziehen Sie mit Bleistift (oder Zirkel) einen inneren und einen äußeren Kreis und unterteilen Sie den Bereich dazwischen in zwölf Abschnitte. Nehmen Sie frische Farbe und beginnen Sie mit den Primärfarben Rot, Gelb und Blau. Setzen Sie in den ersten Abschnitt ein neutrales Gelb (z. B. Hansagelb), überspringen Sie drei Abschnitte und setzen Sie ein strahlendes Blau (z. B. Kobaltblau) in den nächsten, überspringen Sie wieder drei Abschnitte und setzen Sie in den nächsten ein strahlendes Rot (z.B. Kadmiumrot). Die Konsistenz der Farben sollte gleichmäßig und nicht zu wässrig sein. Als Nächstes setzen Sie – mit jeweils einem freien Abschnitt – die Sekundärfarben (Orange, Grün und Lila) gleichmäßig dazwischen. Ich habe Kadmiumorange, Phthalogrün und Carbazolviolett genommen. Ist alles trocken, mischen Sie die Tertiärfarben (zum Beispiel Blaugrün und Gelborange) und vervollständigen den Farbkreis. Das Mischen der Farben für einen Farbkreis ist eine gute Übung für das Skizzieren vor Ort.

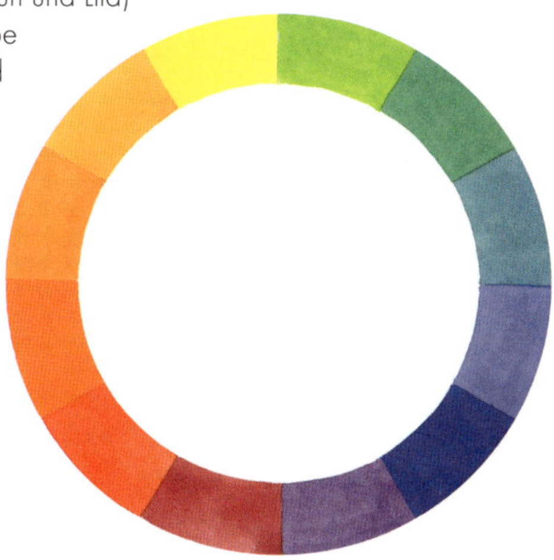

Papier und Skizzenbücher

Skizzenbücher gibt es in vielen Formaten, Bindungen und Papierstärken. Die Auswahl ist schier überwältigend. Ich arbeite meistens mit Aquarellfarben, also mag ich Papier mit ein wenig Textur, das sich auch unter mehreren Farbschichten nicht wellt. Manchmal nehme ich zwei verschieden große Skizzenbücher mit nach draußen. Mein Rat: Suchen Sie sich ein Skizzenbuch, das Ihrem Zeichenstil entspricht. Für trockene Medien wie Bleistift oder Fineliner reicht dünneres Papier. Wenn Sie Ihre Zeichnungen einscannen möchten, achten Sie darauf, dass die Bindung genäht ist, damit sich beim flachen Auflegen auf den Scanner nicht die Seiten lösen.

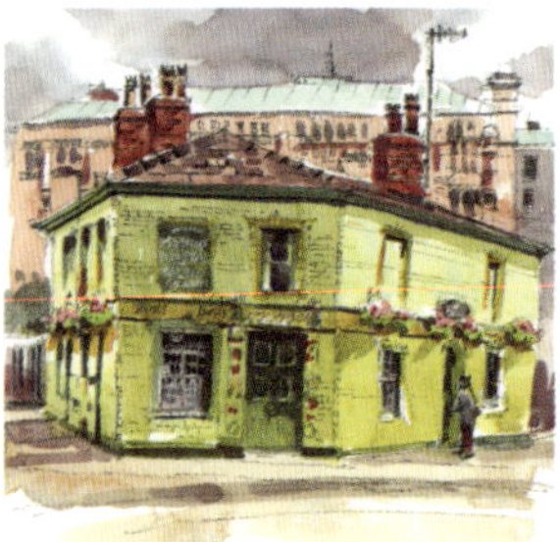

Mein favorisiertes Skizzenbuch ist 21 × 21 cm groß. Ich mag das quadratische Format der einzelnen Seite (siehe Peveril of the Peak, links) und freue mich darüber, dass ich auf einer Doppelseite auch einen Panoramablick festhalten kann, wie etwa vom Long Beach auf Cape Ann (unten).

SHARI BLAUKOPF

Peveril of the Peak, Manchester

21 × 21 cm; Tuschestift und Aquarellfarben

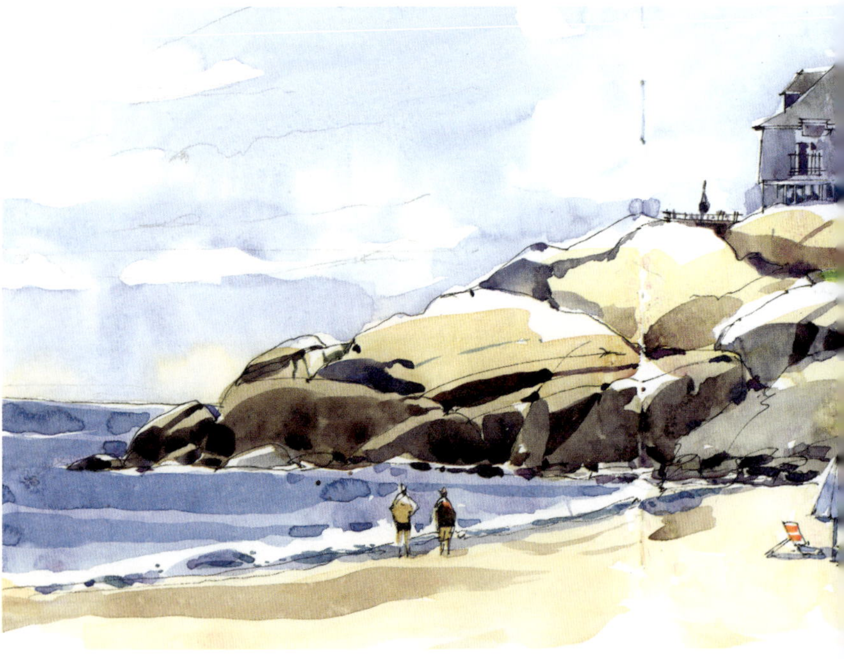

➔ Egal, wohin ich gehe, ich habe immer ein kleines Skizzenbuch in der Tasche. Schließlich weiß ich nie, ob ich nicht ein paar Minuten zum Zeichnen habe, während ich im Café auf eine Freundin warte. Nach der Linienzeichnung setze ich auf getöntem Papier gern mit Kreide oder weißer Gouache ein paar helle Stellen.

SHARI BLAUKOPF

Studio 77

17,8 × 12,7 cm; Tuschestift, Aquarellfarben und weiße Kreide auf getöntem Papier

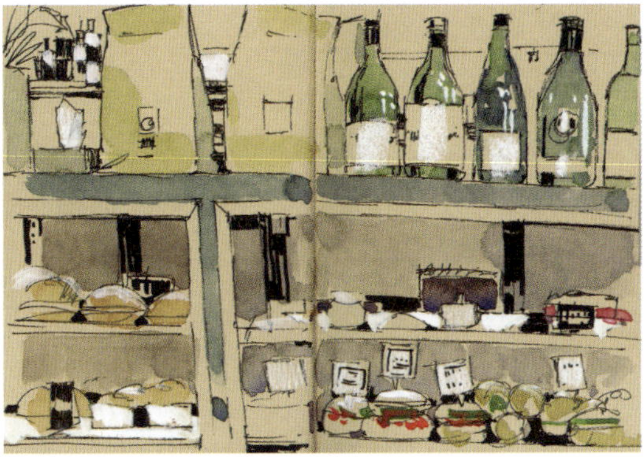

Es muss kein weißes Papier sein

Skizzieren Sie zur Abwechslung auf getöntem Papier. So haben sie einen mittleren Tonwert als Ausgangspunkt, auf den Sie Helligkeiten und Dunkelheiten setzen können. Das Arbeiten auf getöntem Papier ermöglicht Ihnen einen frischen Blick auf Ihre Materialien, zum Beispiel, wie sich Pastellkreiden und Gouache auf Tusche- oder Bleistiftlinien schichten lassen. Es gibt Skizzenbücher mit grauem, gelbbraunem und sogar schwarzem Papier in guter Qualität.

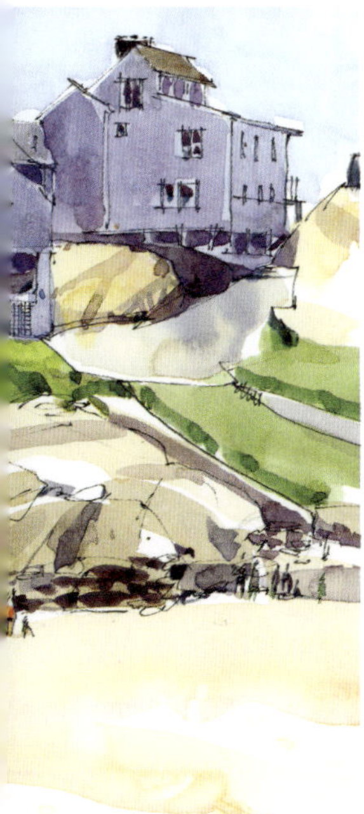

➔ **SHARI BLAUKOPF**

Long Beach, Massachusetts

42 × 21 cm; Tuschestift und Aquarellfarben

HIER IST PLATZ FÜR IHRE SKIZZE!

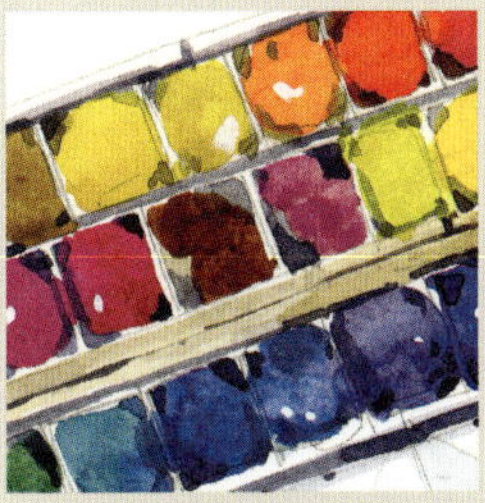

SCHLÜSSEL II
FARBTÖNE MISCHEN

Bei der Auswahl der Farben für Ihren Aquarellkasten gibt es kein Richtig und kein Falsch, jeder und jede hat Favoriten. Doch manche Situationen lassen sich vorausplanen. Zum Beispiel erweitere ich meinen Kasten um ein paar Blau- und Türkistöne, wenn ich in die Tropen reise, oder einige Erdtöne, wenn es in die Berge geht. Doch im Grunde könnte ich mich wahrscheinlich mit drei Farbtuben durch die ganze Welt skizzieren: einem kühlen Rot, einem satten Blau und einem strahlenden Gelb. Mit diesen drei Farben kann ich eine unendliche Bandbreite von strahlenden, dunklen und neutralen Farbtönen mischen.

Das Wichtigste ist, dass Sie die Farbtöne in Ihrer Auswahl wirklich verstehen. Sind sie deckend oder transparent? Hinterlassen sie dauerhafte Spuren oder lassen sie sich wieder entfernen? Granulieren sie, sind sie lichtecht? Es gibt zahllose Bücher über die Hunderte von Farbtönen. Testen Sie Ihre Farben auf Schmierpapier, aber lesen Sie auch in Büchern oder im Internet etwas über die Persönlichkeit Ihrer favorisierten Farbtöne.

Viel Zeit verbringe ich auch damit, anderen beim Zeichnen über die Schulter zu schauen, um zu sehen, was sie in ihren Kästen haben. Je mehr Sie über Ihre Farben wissen, desto souveräner ist ihr Umgang damit.

Die Qual der Wahl

Hunderte von Aquarellfarbtönen überschwemmen den Markt. Wie soll man da eine Wahl treffen? Wenn Sie neu sind beim Urban Sketching, kaufen Sie sich einfach einen kleinen Reiseaquarellkasten mit einem Dutzend halber Näpfchen in Studienqualität. Damit kommen Sie in jeder Situation zurecht.

Mit ein bisschen Erfahrung möchten Sie vielleicht die Auswahl an Farbtönen erweitern, dann können Sie in Farben in Künstlerqualität investieren. Aber legen Sie sich nicht ein für alle Mal fest. Ich tausche andauernd Farben aus, denn ich experimentiere gern. So sieht mein 23-Näpfchen-Kasten im Augenblick aus.

GELB- UND ORANGETÖNE

Hansagelb

Gamboge neu

Quinacridon Gold

Transparent Pyroll Orange

ROT-, ROSA UND LILATÖNE

Kadmiumrot

Permanent Alizarinkarmesin

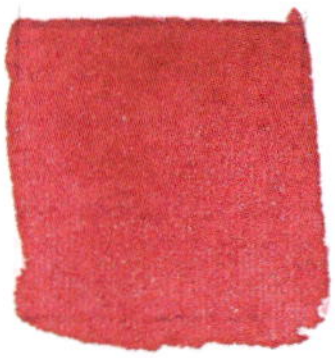

Quinacridon Rosa

Carbazolviolett

GRÜNTÖNE

Laubgrün

Saftgrün

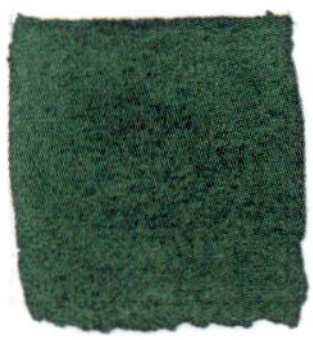

Phthalogrün

Tannengrün

BLAUTÖNE

Kobalt Blaugrün

Coelinblau

Chrom Kobaltblau

Ultramarinblau

Preußischblau

Indanthronblau

ERDTÖNE

Siena gebrannt

Siena natur

Gelber Ocker

DUNKLE TÖNE

Indigo

Mondschwarz

Studienqualität versus Künstlerqualität

Aquarellfarben in Studienqualität sind preisgünstiger, weil sie weniger Pigmente und mehr Füllstoffe enthalten, was manche Farben instabil oder unberechenbar macht. Farben in Künstlerqualität haben einen höheren Pigmentanteil, also kommen Sie mit weniger Farbe länger aus.

Aquarelltechniken

Tropfen Sie reine Aquarellfarbe auf angefeuchtetes Papier und sehen Sie zu, was passiert. Das ist das Aufregende bei Aquarellfarben. Man weiß erst, wie es aussieht, wenn die Farben getrocknet sind, denn das Ergebnis wird von vielen Faktoren beeinflusst – von Feuchtigkeit, Sonne und Wind über die Textur des Papiers bis hin zu der Wassermenge an Ihrem Pinsel.

Üben, üben, üben. Probieren Sie diese Techniken:

FARBVERLAUF

Ziehen Sie mit frischer Farbe einen horizontalen Streifen. Tauchen Sie den Pinsel in klares Wasser, sodass die Farbe immer dünner wird, und wiederholen Sie es. Eine tolle Übung, um an klaren Tagen blauen Himmel zu malen.

FARBÜBERGANG

Nehmen Sie mit dem Pinsel Farbe auf und ziehen Sie eine horizontale Linie. Ziehen Sie eine zweite Linie mit einer anderen Farbe, die die erste zum Teil überlappt. In der Mitte zeigt sich eine dritte Farbe.

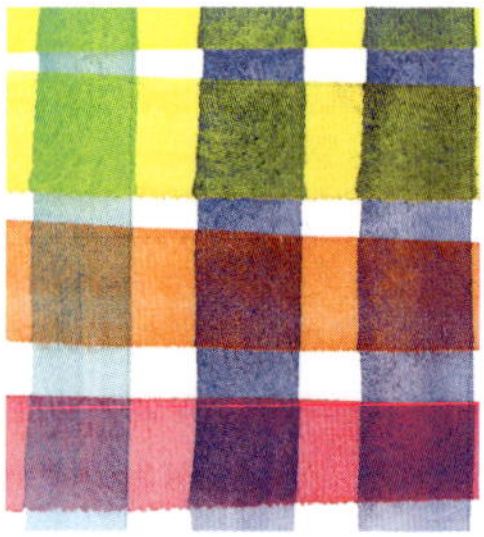

LASIEREN

Setzen Sie mehrere horizontale Farbstreifen in warmen Farben. Sind sie trocken, setzen Sie vertikale Streifen mit kühleren Farbtönen darüber. Wo sich die Streifen überschneiden, entstehen leuchtende Farbtöne.

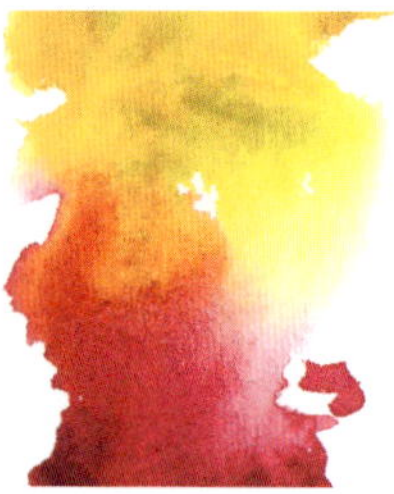

NASS-IN-NASS

Setzen Sie eine Pfütze aus klarem Wasser auf das Papier und tropfen Sie an gegenüberliegenden Stellen verschiedene Farben hinein. Lassen Sie die Pigmente sich vermischen. Dies ist das innerste Wesen und die Magie von Aquarellfarben!

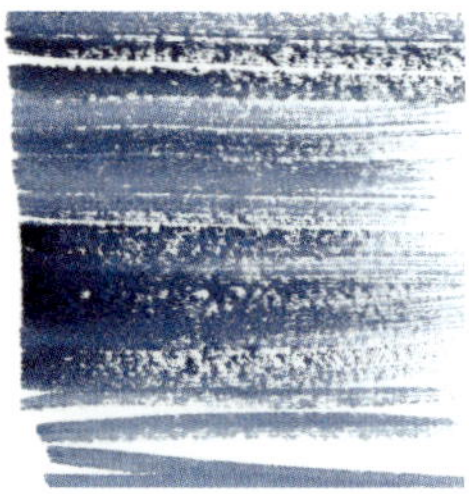

TROCKENER PINSEL

Tauchen Sie den Pinsel in die Farbe und wischen Sie überschüssige Feuchtigkeit an einem Lappen ab. Dann ziehen Sie den relativ trockenen Pinsel über das Papier. Je rauer das Papier, umso eindrucksvoller der Effekt.

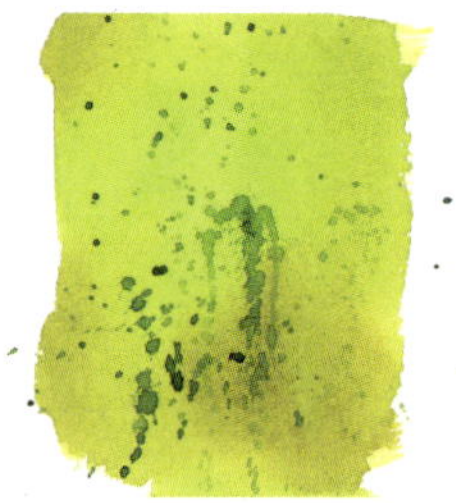

SPRITZER

Spritzer verwende ich oft, um Bäumen, Straßen oder Pflanzen Textur zu geben. Nehmen Sie Farbe mit einer alten Zahnbürste auf und streichen Sie mit den Fingern über die Borsten, bis die Farbe auf das Papier spritzt.

Techniken in der Praxis

Vor Ort finden Sie zahlreiche Gelegenheiten, diese Techniken auszuprobieren. Diese Skizze entstand an einem Frühlingstag in Hudson, Quebec. Der Schnee auf den matschigen Feldern war fast geschmolzen, und die satten Grautöne der stark verwitterten Scheune bildeten einen Kontrast zu den gedämpften Farben der fernen Hügel.

Nass-in-Nass: Für die zarten Wolken setzte ich zunächst eine dünne Schicht Siena an den Himmel, in die ich dann Grautöne aus Coelinblau und ein wenig Alizarinkarmesin tropfte.

Aufgelöste Kanten: Gibt es Stellen, wo ein Bereich sanft mit einem anderen verschmelzen kann? Als ich diese fernen Hügel malte, war der Himmel noch nass, sodass die warmen und kühlen Farben ineinanderliefen.

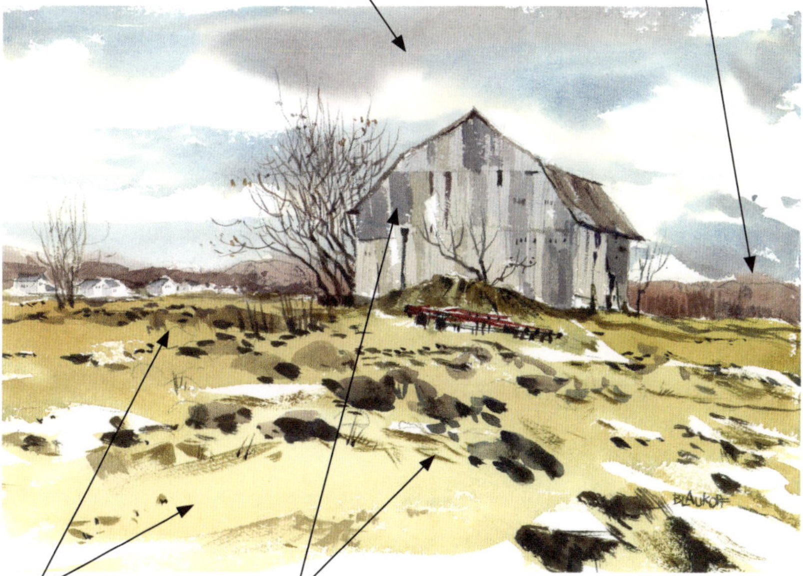

Farbverlauf: Die ockerfarbene Frühlingserde fängt oben dunkler an und wird da, wo sie nach vorn abfällt, immer heller.

Trockener Pinsel: Bei dieser Zeichnung kam mehrfach der trockene Pinsel zum Einsatz, besonders an der Scheune und im Vordergrund. Manche Spuren sind größer und andere kleiner, doch sie alle entstanden, indem ich große und kleine trockene Pinsel über das Papier zog.

SHARI BLAUKOPF
Feld im Frühling
38 × 28 cm; Aquarellfarben

Jeden Tag ein anderer Himmel

Der Himmel verrät etwas über die Stimmung des Tages, selbst wenn er in Ihrer Skizze nur einen bescheidenen Raum einnimmt. Um einen Eindruck von Geschlossenheit zu erzeugen, verwenden Sie für den Himmel Farben, die auch woanders auftauchen. Und weil Wolken von Natur aus weiche Ränder haben, ist dies eine wunderbare Gelegenheit, die Nass-in-Nass-Technik zu üben.

Für blauen Himmel mit weißen Wolken befeuchten Sie das Papier mit klarem Wasser. Dann fangen Sie oben an und tropfen etwas Kobaltblau hinein. Weiter unten nehmen Sie Coelinblau. Lassen Sie an der Oberseite der Wolken einige Stellen frei, und mischen Sie für die Unterseite der Wolken ein wenig Siena gebrannt in Ihr Blau, um ein neutrales Grau zu erhalten.

Nicht jeder Himmel ist blau. Um die Wärme eines frühmorgendlichen oder spätabendlichen Himmels einzufangen, befeuchten Sie das Papier mit einer Mischung aus Hansagelb und Siena natur. Weiter unten mischen Sie ein wenig Quinacridon Rosa unter. Malen Sie einige malvenfarbenen Wolken, solange das Papier noch feucht ist, indem Sie Kobaltblau und Quinacridon Rosa mischen und es mit horizontalen Strichen aufs Papier setzen.

Wie oft wurden Sie beim Zeichnen schon von einem Gewitter überrascht? Um die Dramatik der bedrohlichen Wolken einzufangen, befeuchten Sie das Papier mit wässrigem Siena natur. Das gibt dem Himmel Wärme und sorgt für einen guten Kontrast zu den kühlen dunklen Wolken. Solange der Himmel noch nass ist, tropfen Sie ein wenig Indigo, versetzt mit einem Tropfen Permanent Alizarinkarmesin, hinein. Sind die Wolken nicht dunkel genug, geben Sie ruhig noch ein wenig mehr Indigo dazu.

Himmel malen

Wenn Sie einen nassen Himmel gemalt haben, achten Sie darauf, wann das Papier seinen Glanz verliert, und lassen Sie es ab da in Ruhe. Wenn Sie noch mehr Wasser auf die feuchte Fläche geben, kommt es zu unerwünschten Ausblühungen.

Dunkler Himmel

Leuchtende, kraftvolle Dunkelheit gelingt nur mit frischer Farbe. Wenn Sie angetrockneter Farbe viel Wasser zugeben müssen, verdünnen Sie die Pigmente nur und bekommen keine satten Dunkelheiten. Ich mische sie gern aus Permanent Alizarinkarmesin, Phthalogrün, Preußischblau und Ultramarinblau. Üben Sie das Kombinieren dieser Farben und scheuen Sie sich nicht, mit zwei Farben zu experimentieren, die Ihrer Ansicht nach nicht gut zusammenpassen. Sie werden überrascht sein!

Permanent Alizarinkarmesin & Indigo

Permanent Alizarinkarmesin & Phthalogrün

Permanent Alizarinkarmesin & Ultramarinblau

Saftgrün & Ultramarinblau

Saftgrün & Carbazolviolett

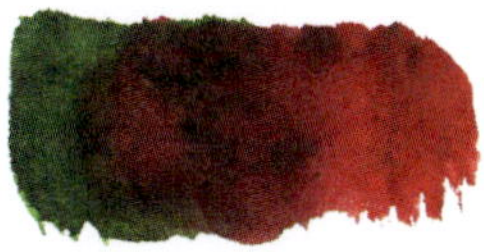

Saftgrün & Permanent Alizarinkarmesin

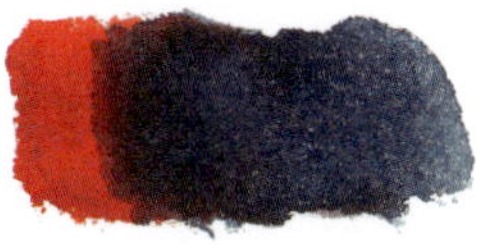

Kadmiumrot & Indigo

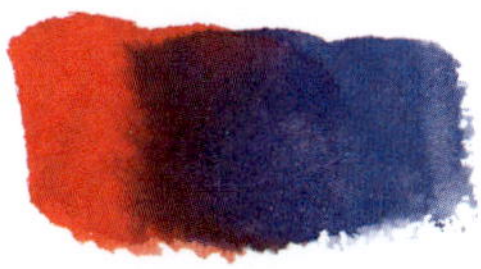

Kadmiumrot & Ultramarinblau

Kadmiumrot & Saftgrün

Siena gebrannt & Preußischblau

Siena gebrannt & Ultramarinblau

Siena gebrannt & Carbazolviolett

Grüntöne für jeden Baum und jeden Strauch

Grüne Oasen in der Stadt eignen sich besonders, um die Kunst des Farbenmischens zu üben. Sie werden staunen, wie viele Laubfarben Sie aus Blau-, Grün- und Gelbtönen mischen können. Betrachten Sie die Bäume und Sträucher eingehend – einige Grüntöne sind gräulich, andere gelblich oder von einer düsteren Tristesse. Studieren Sie meine Rezepte für Grüntöne in dieser Skizze des Fish House im Stanley Park in Vancouver (unten) und achten Sie darauf, wo ich mit der Komplementärfarbe Rot Akzente gesetzt habe, um die Laubfarben zu beleben.

1

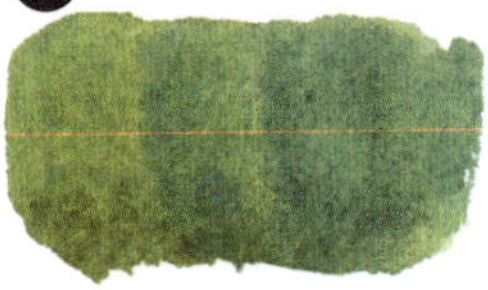

SIENA NATUR & COELINBLAU

Eine wunderschöne Kombination für graugrünes Laub, Hostas und Olivenbäume

2

PHTHALOGRÜN & GAMBOGE NEU

Ein helles Grasgrün für Rasen und Pflanzen im Hochsommer

3

HANSAGELB & ULTRAMARINBLAU

Dieses dunkle Gelbgrün ist perfekt für sonnenbeschienenes Laub.

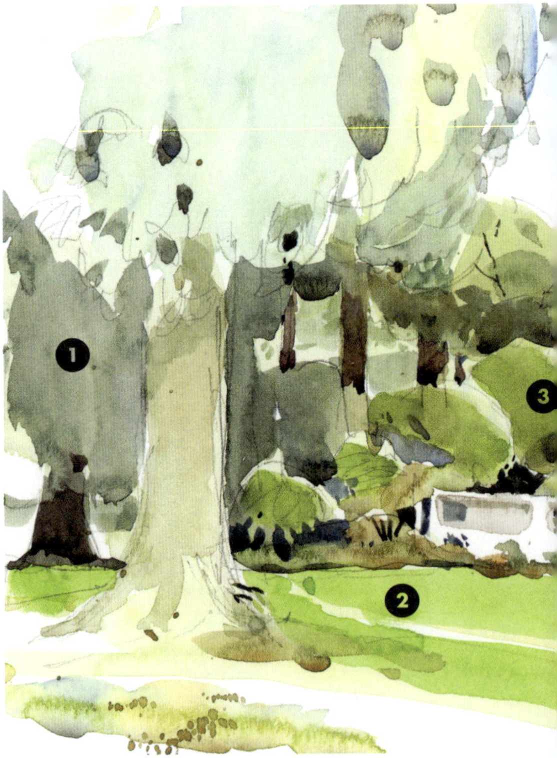

SHARI BLAUKOPF

Fish House, Vancouver, Kanada

21 × 41,5 cm; Aquarellfarben und Bleistift

4

PREUSSISCHBLAU & GAMBOGE NEU

Ein tiefes, sattes Grün für Laub im Schatten

5

HANSAGELB & PREUSSISCHBLAU

Ein spannungsreiches Gelbgrün für Knospen im frühen Frühling

6

PREUSSISCHBLAU & SIENA GEBRANNT

Blau mit einem rötlichen Braun versetzt – ein intensives Blaugrün für Nadelbäume

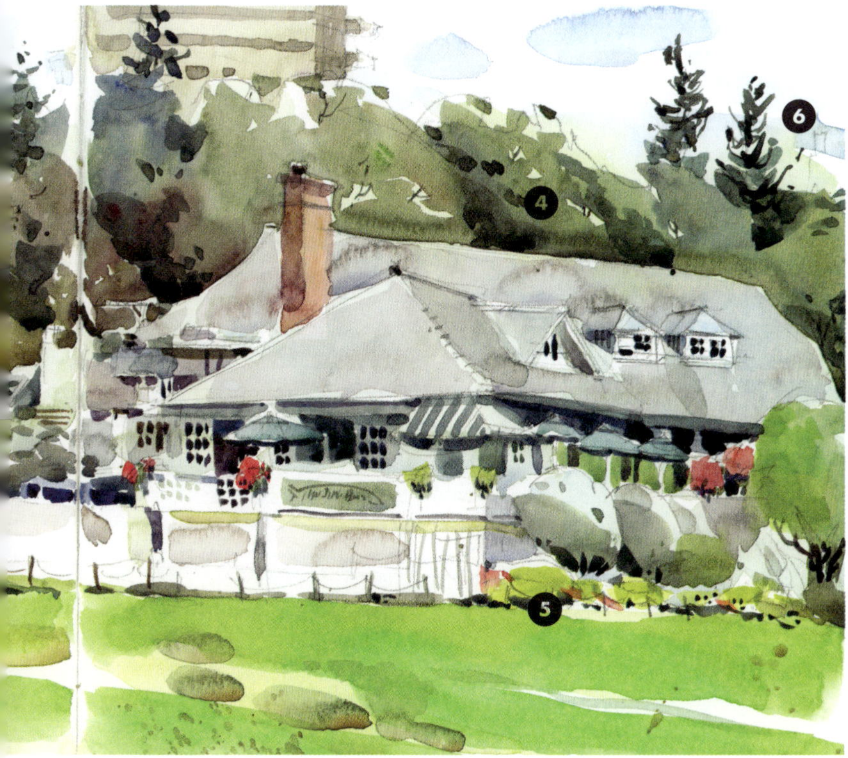

Schattenfarben mischen

Ich zeichne sehr gern bei Sonne draußen, denn Wände, Fenster und Türöffnungen gewinnen durch Schatten zusätzliche Dimensionen. Studieren Sie die Schatten und achten Sie darauf, wie veränderlich ihre Farben auf verschiedenen Oberflächen oder am Boden sind. Bei mir sehen Sie unter den gemalten Schatten oft zarte Bleistiftlinien. Damit umreiße ich Richtung und Ausdehnung der Schatten für den Fall, dass das Licht sich verändert, bevor ich Farben hinzufügen kann.

Tipp: Geizen Sie bei Schatten nicht mit Farbe und Wasser. Nehmen Sie mit dem Pinsel reichlich Schattenfarbe auf, setzen Sie in einer oberen Ecke an und ziehen Sie den Schatten von dort nach unten bis zu der Stelle, wo er endet. Nicht vergessen: Die Formen sind überzeugender, wenn sie selbstbewusst und zügig gesetzt werden.

Schatten eignen sich gut, um das Lasieren zu üben. Bei diesem Haus am Carré St. Louis in Montreal habe ich zunächst die Lokalfarben der Oberflächen gesetzt. Ultramarinblau und Siena für die Fassade wurden zum Teil direkt auf dem Papier gemischt. Sobald alles trocken war, habe ich für die Schatten einen dunkleren Ton derselben Farben gemischt.

➲ **SHARI BLAUKOPF**

Rote Tür am Platz

19,5 × 26 cm; Tuschestift und Aquarellfarben

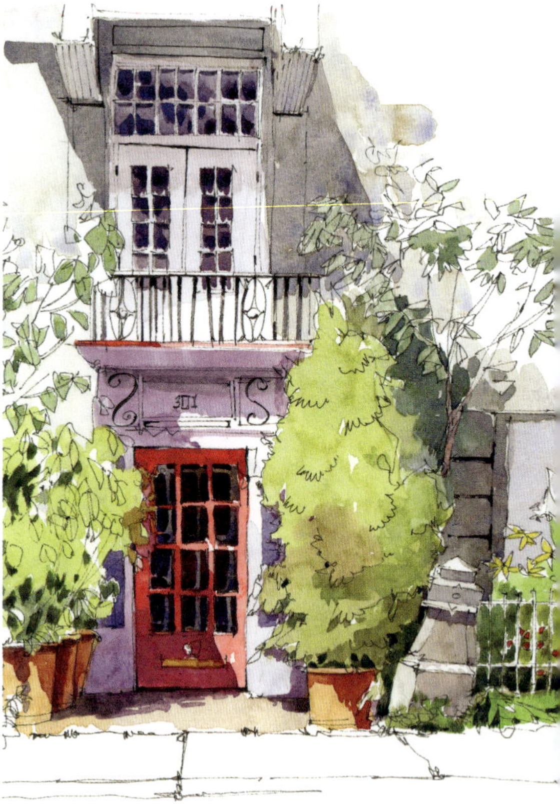

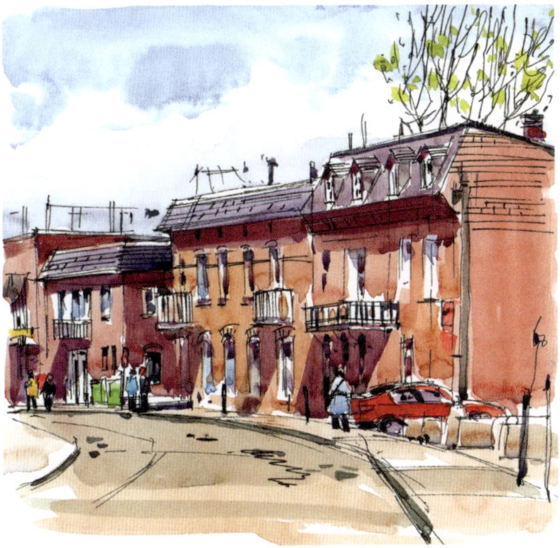

Verwenden Sie für die Schatten die Reste von Farben in Ihrem Kasten.
Für diese Backsteinhäuser habe ich Quinacridon Rosa, Hansagelb und Kobaltblau gemischt. Für die Schatten unter den Simsen und Balkonen habe ich der angemischten Farbe noch etwas mehr Blau und Rosa hinzugefügt, um den Farbton dunkler und kühler zu machen.

SHARI BLAUKOPF

Boulevard Saint-Joseph, Lachine, Montreal

21 × 21 cm; Tuschestift und Aquarellfarben

Schatten auf Gelb sind knifflig.
Wenn Sie Gelb abdunkeln, wird es leicht matschig oder opak, und Schatten funktionieren dann am besten, wenn sie transparent sind. Das löse ich dadurch, dass ich die Komplementärfarbe (Lila) verwende. Hier habe ich für die Schattenfarbe einen kleinen Tropfen Carbazolviolett in mein Gelb gegeben.

SHARI BLAUKOPF

Gelbe Veranda

20,3 × 25,4 cm; Aquarellfarben und Bleistift

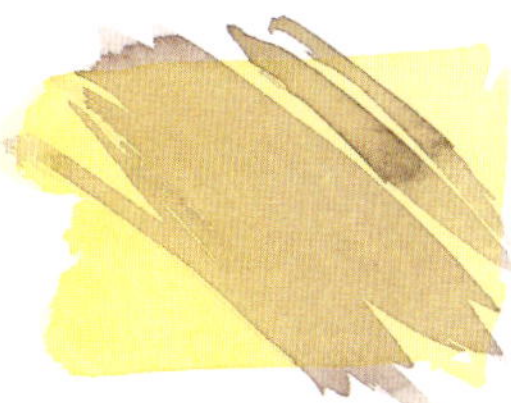

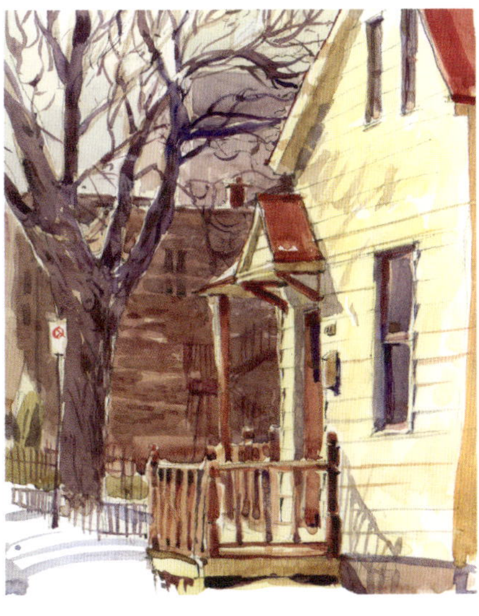

HIER IST PLATZ FÜR IHRE SKIZZE!

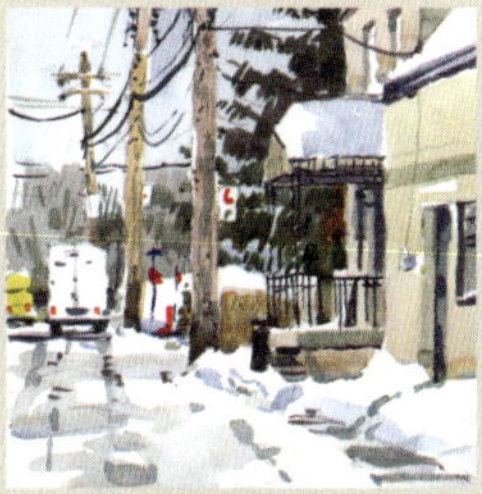

SCHLÜSSEL III
FARBEN UND TONWERTE

Tonwerte sind die Würze jeder Skizze. Oder – visuell passender – Salz und Pfeffer. Eine Skizze nur in mittleren Tonwerten wirkt flach und unfertig. Der Blick sucht einen Fokus und findet keinen. Doch wenn Sie hier und da ein paar Dunkelheiten setzen ... knallt es!

Man kann nicht über farbige Skizzen sprechen, ohne über Tonwerte zu sprechen – die relative Helligkeit oder Dunkelheit einer Farbe. Was aber bewirkt dieses so wichtige Hell und Dunkel? Es sorgt für Kontrast und Vielfalt. Vor allem aber schafft es einen Fokus – eine Stelle, die den Blick anzieht.

Es gibt viele Möglichkeiten, kontrastierende Tonwerte zu setzen, besonders, wenn Sie mit Materialien arbeiten, mit denen Sie Dunkelheiten in einer ganzen Skala von Tonwerten aufbauen können, etwa mit Aquarellfarben, Tuschestiften, Grafit oder Pastellkreiden.

Ich lerne am besten aus meinen eigenen Fehlern. Also, ja, manchmal füge ich einer Zeichnung zu viel dunkle Farbe hinzu. Doch dadurch verstehe ich immer besser, wann es genug ist und wie ich die perfekt »gewürzte« Skizze hinbekomme.

SHARI BLAUKOPF
Nach dem Schneefall
20 × 25 cm; Aquarellfarben und Bleistift

Vom weißesten Weiß zum dunkelsten Dunkel

Monochrom zu arbeiten hilft Ihnen, Tonwerte besser zu verstehen. Wenn ich eine Weile nicht gezeichnet habe, beginne ich oft monochrom, um wieder ein Gefühl für Tonwerte zu bekommen. Wenn Sie mit Tuschestiften, Grafit, Markern oder Aquarellfarben arbeiten, wählen Sie einen Farbton, der so dunkel ist, dass er eine ganze Skala von Hell und Dunkel erlaubt. Zu meinen Favoriten gehören Paynesgrau und Indigo.

Vergleichen Sie beim Betrachten Ihres Motivs einen Bereich mit einem anderen. Welcher ist dunkler? Denken Sie daran, dass ein helles Objekt im Schatten (ein weißes Haus) manchmal dunkler erscheint als eine dunkle Struktur in der Sonne (ein Dach mit roten Dachpfannen). So genau hinzusehen kann anfangs eine Herausforderung sein, doch irgendwann werden Sie mit farbigen Skizzen in einer ganzen Skala von Tonwerten belohnt.

In dieser Tonwertskala steht 1 für das Weiß des Papiers und 10 für die tiefste Dunkelheit, die Sie mit Ihrem Medium erzeugen können. Eine ähnliche Skala eines dunklen Farbtons, etwa Indigo oder Paynesgrau, zu erstellen ist eine gute Übung. Ich habe hier mit dem hellsten Rechteck angefangen (2) und nach und nach mehr Farbe hinzugefügt, bis ich ein dunkles Schwarz (10) erhielt.

1 2 3 4 5 6 7 8 9 10

In seinem Aquarell eines Kiosks in einem Park definierte Renato Palmuti sehr deutlich helle, dunkle und mittlere Tonwerte, indem er große Formen malte und auf Details verzichtete. Der helle Tonwert der Gebäude im Hintergrund sorgt in dieser Stadtansicht für ein Gefühl der Ferne.

➲ RENATO PALMUTI

Kiosk unweit der Buckingham Fountain, Chicago

13 × 19 cm; Aquarellfarben in Skizzenbuch Moleskine

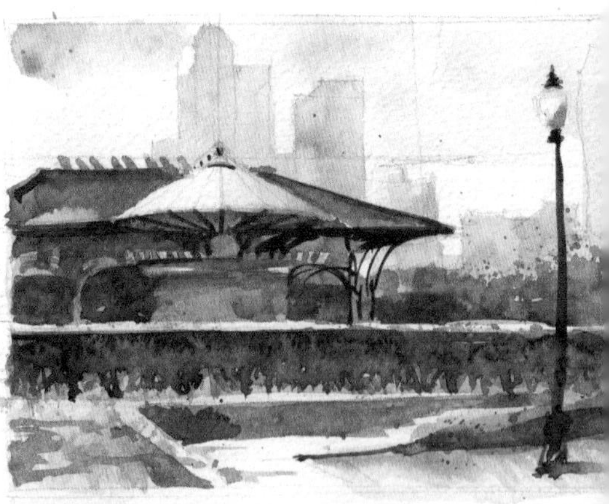

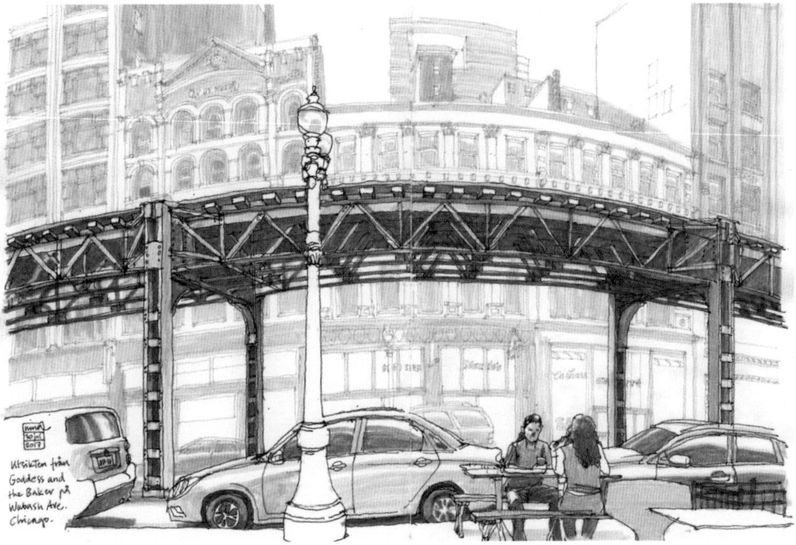

Mit Helligkeiten und Dunkelheiten können Sie Tiefe erzeugen oder Bereiche einer Skizze voneinander abgrenzen. Schauen Sie, wie geschickt Nina Johansson hier den Vordergrund vom Hintergrund trennt, indem Sie eine ganze Bandbreite von grauen Stiften einsetzt – helles Grau für den Hintergrund und dunkleres Grau für den Vordergrund.

↑ NINA JOHANSSON

Blick aus der Bäckerei Goddess and the Baker auf die Wabash Avenue, Chicago

39,5 × 29 cm; graue und schwarze Fineliner PITT Artist Pen Faber-Castell

In dieser Zeichnung mit Grafitstiften setzt Eduardo Bajzek einen Fokus, indem er die hellsten Bereiche (die Dächer) zwischen die dunkelsten Schatten bettet. Figuren, Bänke und Bäume dagegen verschmelzen in einem weichen, mittleren Grauton.

→ EDUARDO BAJZEK

Cristalino Lodge, Mato Grosso, Brasilien

22,8 × 30,5 cm; Grafitstifte

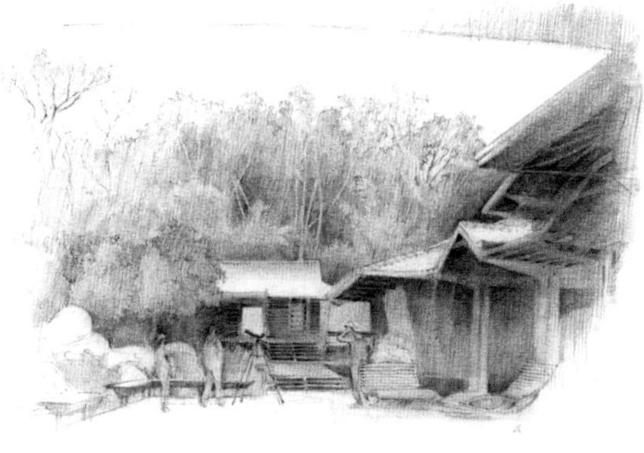

Tipp: Eine praktische Möglichkeit, um Tonwerte zu setzen, sind Marker-Sets in Graustufen, die es in zahlreichen Grautönen gibt.

Das Weiß bewahren

Wenn Sie Ihre Skizze – samt den weißen Stellen – planen, bevor Sie zu den Farben greifen, werden Sie feststellen, welche ungeheure visuelle Kraft unbemaltes Papier besitzt. Ob innerhalb der Skizze oder als luftiger Raum um das Motiv herum, reines Weiß sorgt für Frische und Leuchtkraft.

Ich habe mir sagen lassen, Schnee zu malen, wäre »leicht«, denn man bräuchte nur die halbe Skizze zu kolorieren. Aber damit das Weiß seine volle Wirkung entfalten kann, sollten Sie sorgfältig über die Größe jeder einzelnen weißen Form nachdenken.

SHARI BLAUKOPF

Rowan Avenue

25,4 × 28 cm; Tuschestift und Aquarellfarben

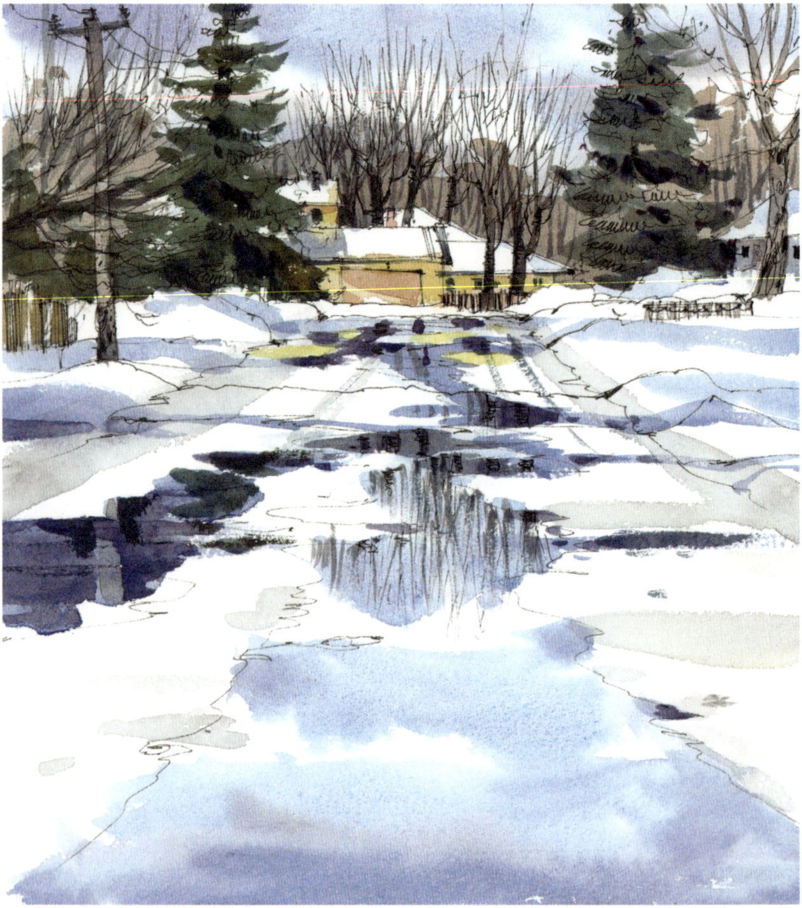

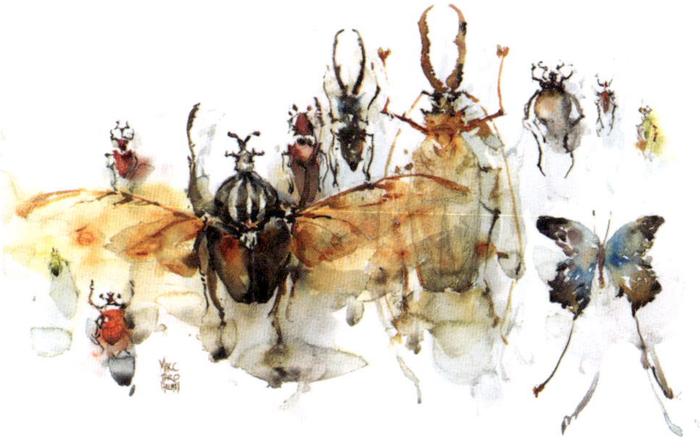

Sie müssen nicht bis zum Rand des Blatts malen. In größeren und kleineren Formen gruppiert Marc Taro Holmes die Käfer in seinem Insektarium mittig auf dem Blatt und überlässt es den weichen Schatten, die Ränder zu definieren.

↑ MARC TARO HOLMES

Montreal Insektarium, 2018

38 × 50 cm; Grafit und Aquarellfarben

Tipp: Wenn Sie vergessen haben, kleine weiße Bereiche stehen zu lassen, ziehen Sie ein paar Linien mit einem weißen Gelschreiber oder setzen Sie Punkte mit reinweißer Aquarellfarbe in dunkle Bereiche Ihrer Skizze.

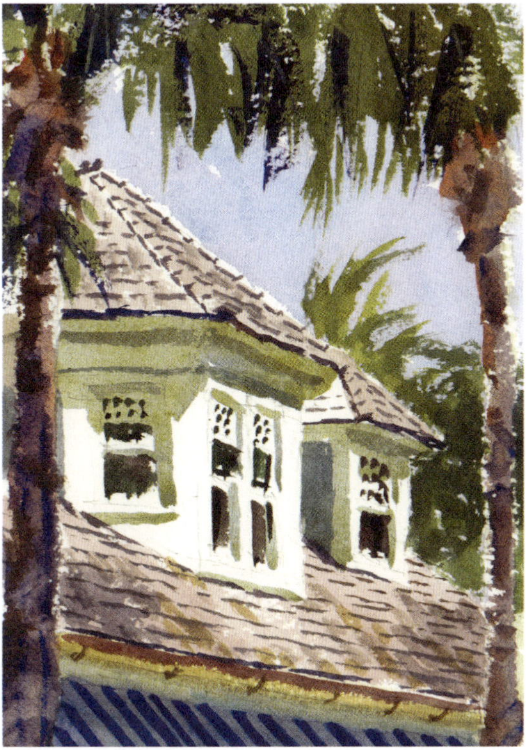

Helle Formen wirken noch dramatischer, wenn sie von Dunkelheiten gerahmt werden, wie diese Gauben am Sea Gull Cottage, dem ältesten Haus in Palm Beach, Florida.

→ GIL ZARINS

Sea Gull Cottage

19 × 28 cm; Aquarellfarben auf satiniertem 640-Gramm-Aquarellpapier Arches

Dunkel strategisch setzen

Große dunkle Bereiche zu malen kann beängstigend sein. Wird es zu dunkel, gibt es kein Zurück. Arbeiten Sie zu trocken, riskieren Sie, dass es leblos wird – ohne die Chance, es wiederzubeleben. Also haben Sie keine Angst, mit einem großen, nassen Pinsel ordentlich Farbe aufzunehmen. Sie werden überrascht sein, wenn Sie sehen, wie Ihre Skizze in dem Moment, in dem Sie Dunkelheiten setzen, zum Leben erwacht!

Es muss nicht immer Schwarz sein. Setzen Sie ein sattes, tiefes Blau, Rot oder Lila, um dunkle Formen visuell interessant zu machen.

SHARI BLAUKOPF

Rotes Boot

20,3 × 20,3 cm; Bleistift und Aquarellfarben

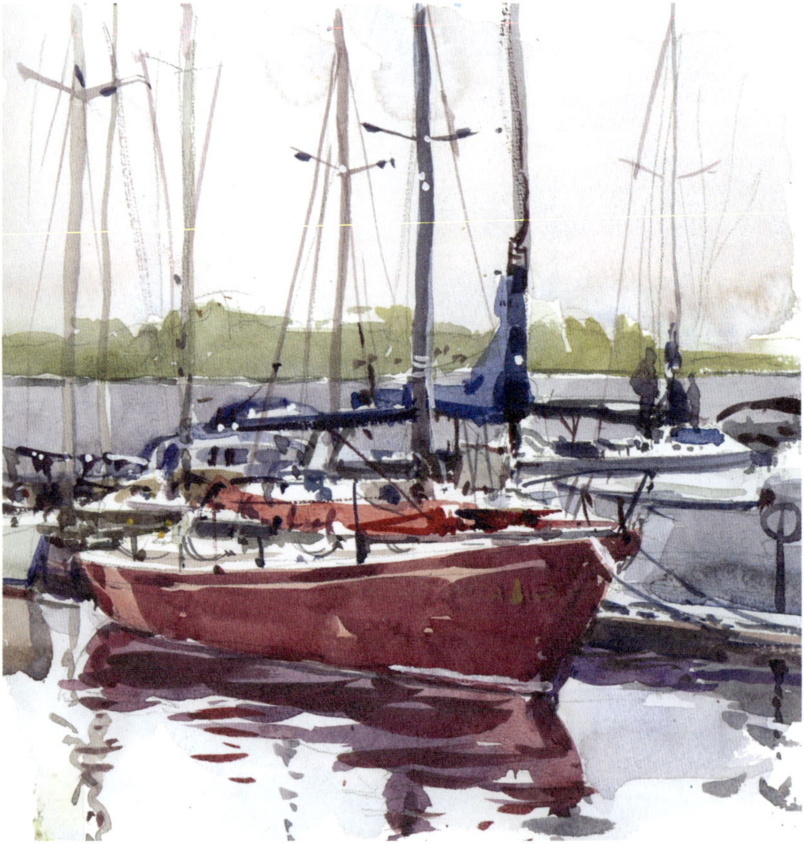

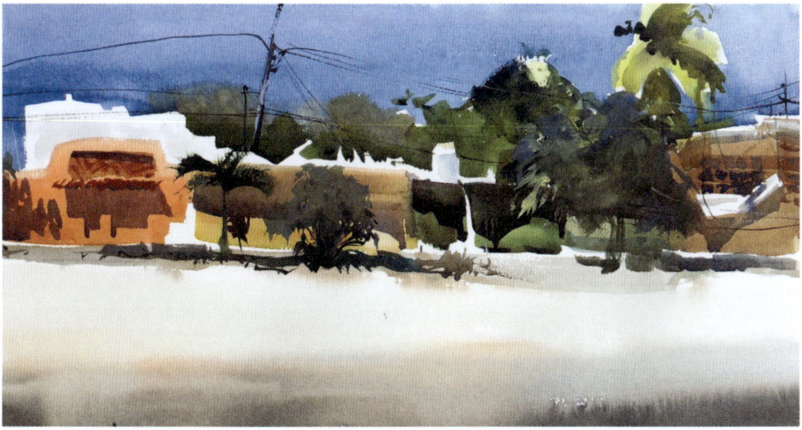

Dunkle Grüntöne, von klaren weißen Formen durchsetzt. Größe, Form und Platzierung der dunklen Bereiche in dieser Skizze sind sehr durchdacht.

UMA KELKAR

Was ist auf den Dächern?

38 × 56 cm; Aquarellfarben

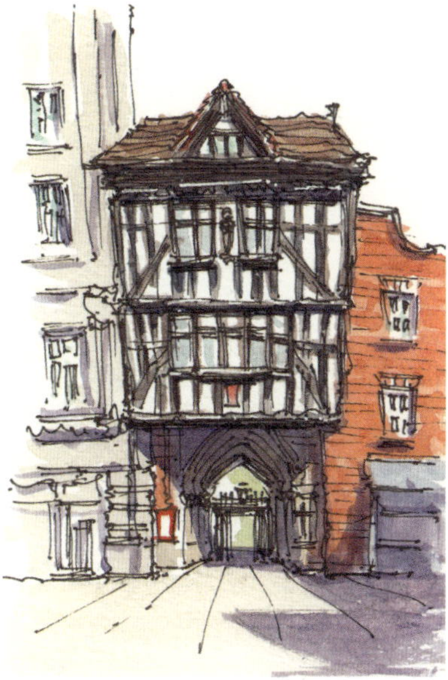

Der Zickzack von Schatten und Licht im Zentrum des Bildes lenkt den Blick direkt zum Eingang des Gebäudes.

TONY UNDERHILL

Tudor Torhaus, Smithfield, London

13 × 20 cm; Sharpie Ultrafine und Aquarellfarben in Aquarell-Skizzenbuch Moleskine

Tipp: Wenn Sie nach einem Motiv zum Zeichnen suchen, wählen Sie statt eines Objekts oder eines Gebäudes einen Ort mit starken Kontrasten und einer Vielzahl heller und dunkler Formen.

Experimente mit Tonwerten im helleren Bereich

Der Begriff High-key kommt aus der Fotografie und bedeutet aufs Zeichnen übertragen, dass die meisten Tonwerte im hellen bis mittleren Bereich liegen, dazwischen nur wenige Dunkelheiten. High-key-Skizzen wirken luftig-leicht. Lassen Sie sich beim Zeichnen an einem Frühlingsmorgen, wenn die Blätter gerade sprießen, auf die Stimmung ein und verwenden Sie helle Tonwerte. Das heißt nicht, dass Sie gar keine Dunkelheiten setzen dürfen, aber geben Sie einfach ein bisschen mehr Wasser zur Farbe als sonst.

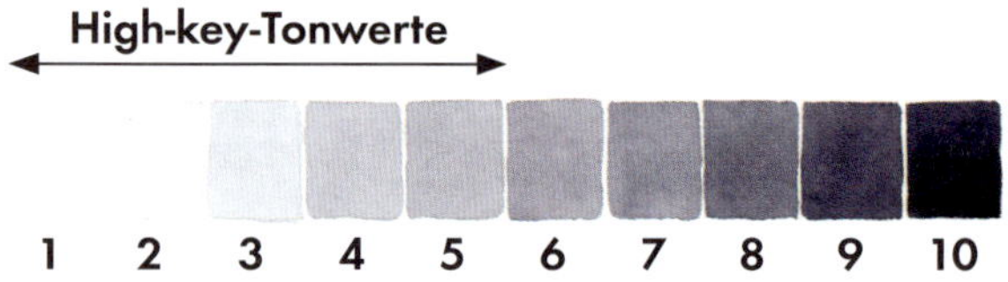

Der Frühling in seinem ganzen Überschwang springt uns aus dieser fröhlichen Vorstadtszene förmlich entgegen.

WAYNE BISSKY

Blick von Westen in die Clarke Street,
Port Moody, British Columbia

12,7 × 40,6 cm; Aquarellfarben in Aquarell-Skizzenbuch Pentalic

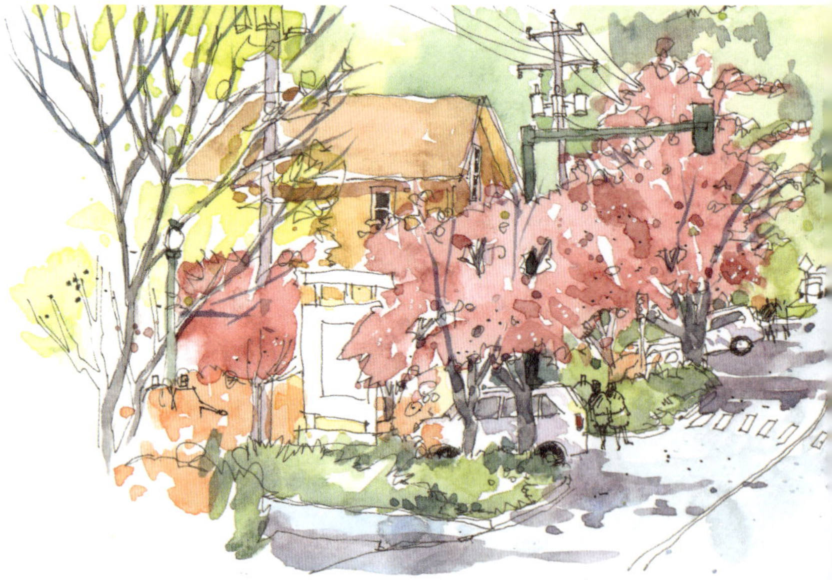

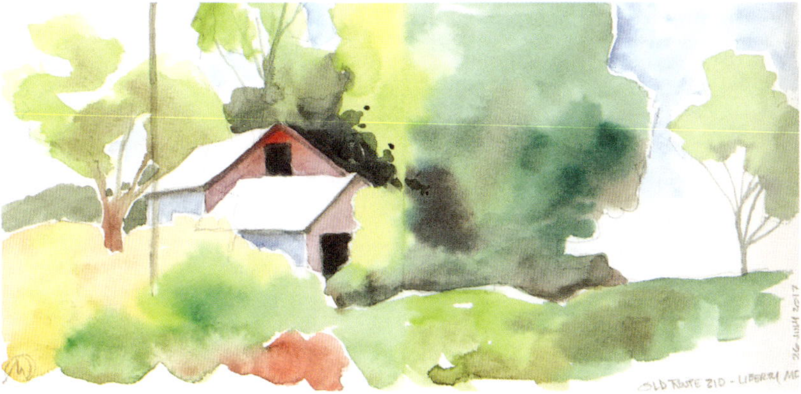

»Beim spontanen Skizzieren sollte man sich auf das Wesentliche konzentrieren. Hier machte ich kürzlich beim Radfahren eine Pause und richtete den Fokus beim Skizzieren ganz auf Farben und einfache Formen.«
Mark Alan Anderson

Seien Sie darauf vorbereitet, überall zu zeichnen. Mark Alan Anderson hat bei seinen Radtouren über Land immer Pinsel, Skizzenbuch und Aquarellfarben dabei.

MARK ALAN ANDERSON

Old Route 210 in der Nähe von Liberty, Missouri

38 × 19 cm; Aquarellfarben und Bleistift auf Aquarellpapier Aquarius II Strathmore

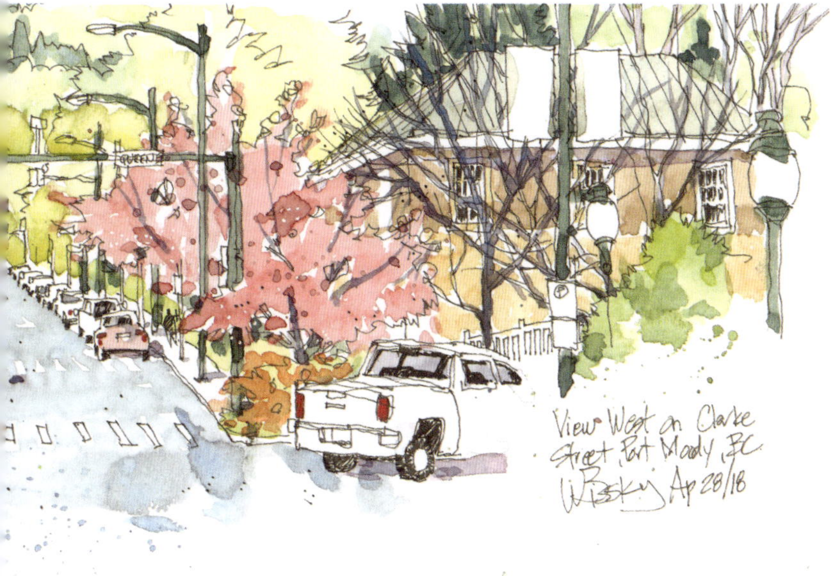

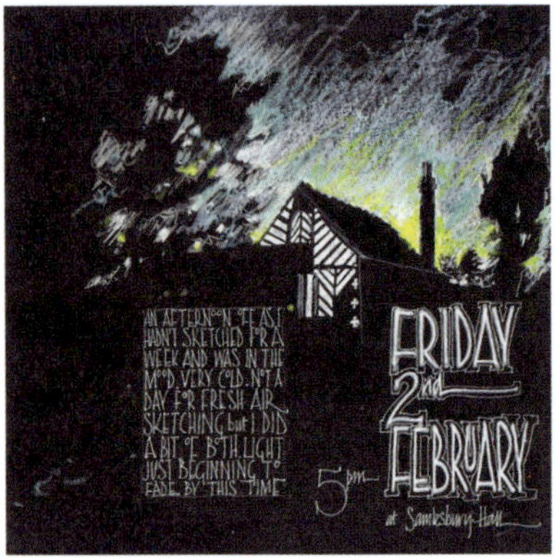

Mit weißem Text und kleinen Bereichen heller Farben auf schwarzem Papier beschwört Pat Southern-Pearce die Atmosphäre einer kalten Winternacht herauf.

PAT SOUTHERN-PEARCE

Samlesbury Hall

30,5 × 30,5 cm; weißer Gelschreiber Uniball Signo broad, Aquarellstifte Inktense Derwent und Caran d'Ache sowie Aquarell-Wachskreiden Peter Pauper in schwarzem Skizzenbuch Seawhite of Brighton

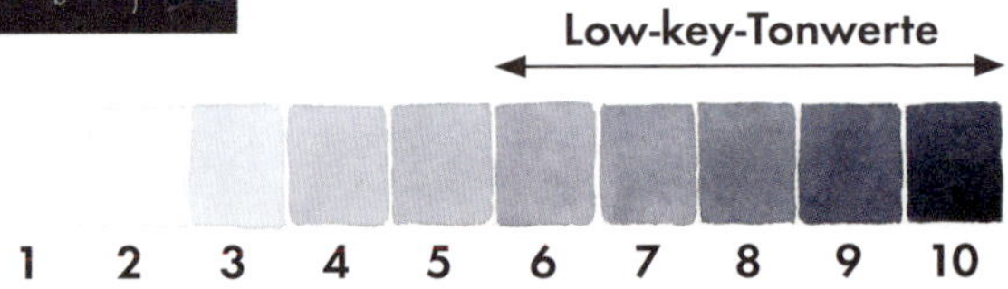

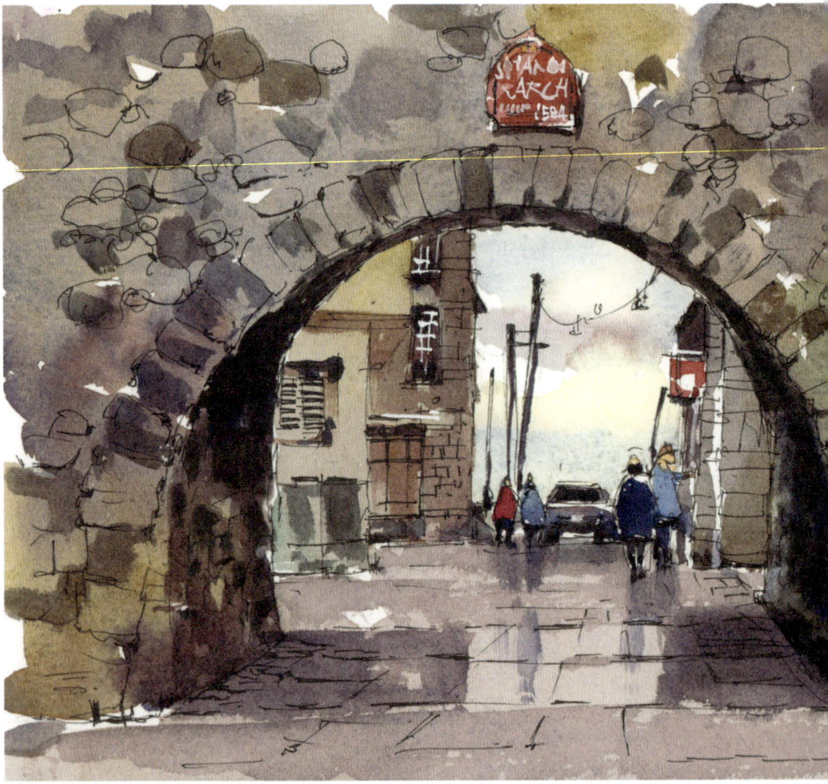

Denken Sie von Dunkel nach Hell. Susan Strater hat auf dunkelblaues Pastellpapier in Schwarz die Silhouetten der Bäume gesetzt. Doch es ist das sanfte Glühen des Gelbs, das die Fantasie anregt und uns in das warme Innere des Hauses einlädt.

➲ SUSAN STRATER

Der Winter kommt

45,7 × 45,7 cm; Pastellkreiden auf Papier

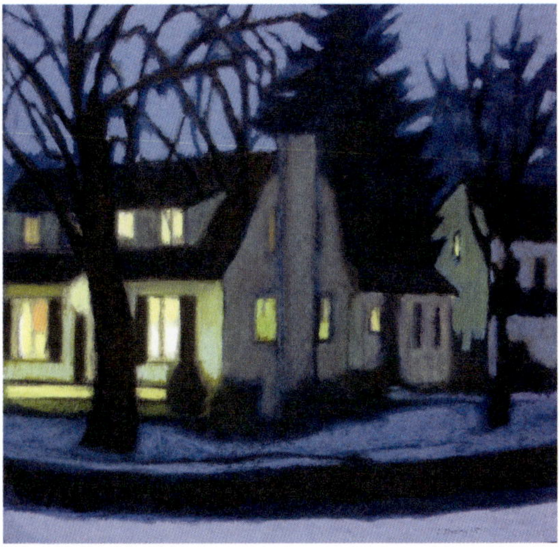

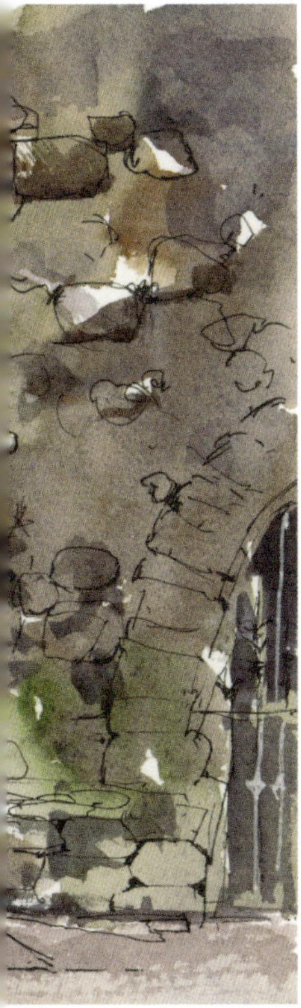

Beim Spanish Arch in Galway hatte ich keine andere Wahl, als mit dunklen Farben zu arbeiten, denn es waren Gewitterwolken und Starkregen im Anzug.

C SHARI BLAUKOPF

Spanish Arch, Galway, Irland

16,7 × 25,4 cm; Tuschestift und Aquarellfarben

Übung: Dieselbe Szene, verschiedene Tonwerte

Fangen Sie dieselbe Szene in verschiedenen Tonwert-Skalen ein, einer hellen und einer dunklen. Vermitteln sie unterschiedliche Stimmungen?

Dunklere Tonwerte für die Stimmung

Dramatisch, stimmungsvoll und geheimnisvoll – mit solchen Begriffen werden Low-key-Skizzen gern beschrieben. Denken Sie an Nachtszenen, spärlich beleuchtete Innenräume und Stadtansichten in der Dämmerung. Nehmen Sie die dunkelsten, sattesten Farbtöne in Ihrem Kasten für eine Skizze mit dunklen Tonwerten, doch vergessen Sie darüber nicht, Raum für kleine Bereich voller Licht und hellen Farben zu lassen, um Kontrast zu erzeugen.

HIER IST PLATZ FÜR IHRE SKIZZE!

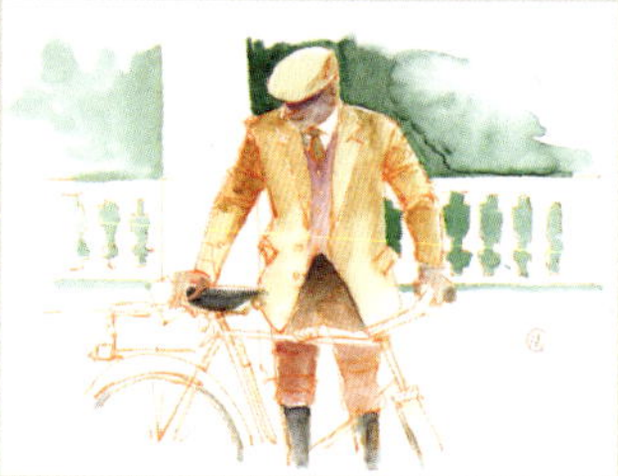

SCHLÜSSEL IV
EINGESCHRÄNKTE FARBPALETTE

Es scheint seltsam, ein Buch über Farben zu schreiben und sich dann ein ganzes Kapitel lang darüber auszulassen, die Anzahl der verwendeten Farben zu reduzieren. Obwohl ich Kästen mit mehreren Dutzend Farbtönen besitze, beschränke ich meine Auswahl beim Skizzieren oft radikal.

Eine eingeschränkte Farbpalette – und damit meine ich die Reduktion auf eine, zwei oder drei Farbtöne – löst augenblicklich das ewige Problem, welche Farbe am besten das repräsentiert, was man sieht. Die Farbpalette einzuschränken bewirkt dreierlei: Erstens hilft es, sich auf die äußerst wichtigen Helligkeiten und Dunkelheiten zu konzentrieren. Zweitens ermöglicht es Ihnen, einen Bereich Ihrer Skizze zu separieren oder die Aufmerksamkeit darauf zu lenken. Und schließlich sorgt es für farbige Geschlossenheit und Harmonie.

Sobald Sie sehen, welche fantastischen Ergebnisse Sie mit einer eingeschränkten Farbpalette erreichen, werden Sie vermutlich nie wieder in die Vollen greifen.

MARK ALAN ANDERSON

Skizzieren bei kaltem Wetter

17,7 × 25,4 cm; Aquarellfarben und Füllfederhalter auf Aquarellpapier Aquarius II Strathmore

Auf einen Stift beschränken

Strichzeichnungen müssen nicht immer schwarz sein. Wie wäre es mit einem sepiafarbenen Marker, einem blauen Kugelschreiber oder einem roten Buntstift? Die meisten Zeichner, die ich kenne, sind ganz wild auf Künstlermaterialien, und viele haben viel mehr, als sie je nutzen können. Wie wäre es, mit einem simplen Kugelschreiber zu zeichnen wie Brian Gnyp? Seine flinken Linien und gekonnten Schraffuren übermitteln Formen, Tonwerte, Volumen und Tiefe.

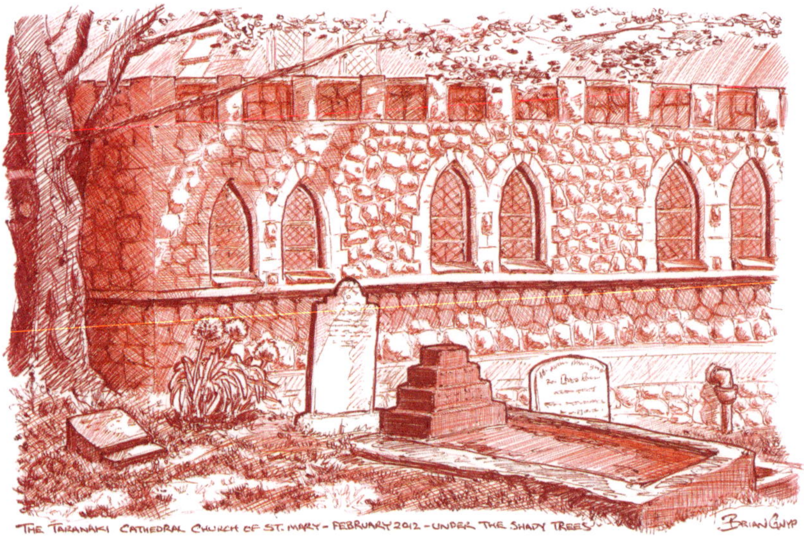

Der neuseeländische Zeichner Brian Gnyp zieht den Kugelschreiber anderen Zeichenwerkzeugen häufig vor, weil er es toll findet, wie vielfältig er mit diesem bescheidenen Werkzeug die Strichstärke variieren kann. Und Kugelschreiber verschmieren auch nicht so wie Bleistifte!

BRIAN GNYP

Taranaki Cathedral, New Plymouth, Neuseeland

29,7 × 21 cm; roter Kugelschreiber

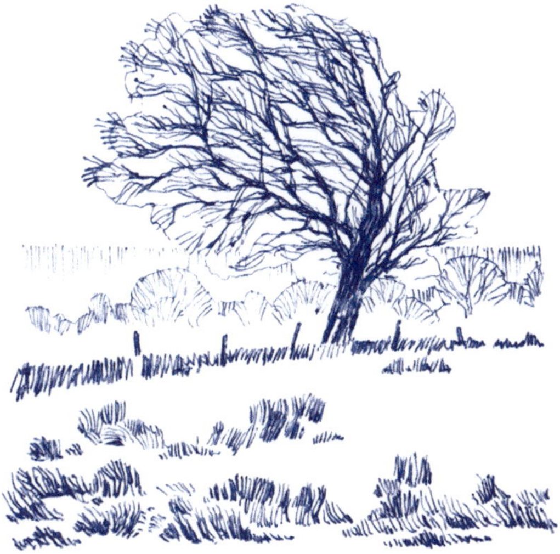

Linien können auch Bewegungen beschreiben, wie hier bei Richard Johnson mit blauem Kugelschreiber.

RICHARD JOHNSON

Baum auf einem windumtosten Hügel

10 × 10 cm; blauer Kugelschreiber

Ein wasserlöslicher Stift – besonders in einem warmen Ton wie Sepia – ist ein sehr ausdrucksstarkes Werkzeug für die Darstellung von Menschen. Ich habe John gezeichnet, als er in einem Café die Sonne genoss, und mit einem Wasserpinsel ausgewählte Bereiche der Zeichnung angefeuchtet, um die starken Schatten in seinem Gesicht und auf seinen Schultern zu setzen.

SHARI BLAUKOPF

John im Café

12,7 × 20 cm;
wasserlöslicher sepiafarbener Marker

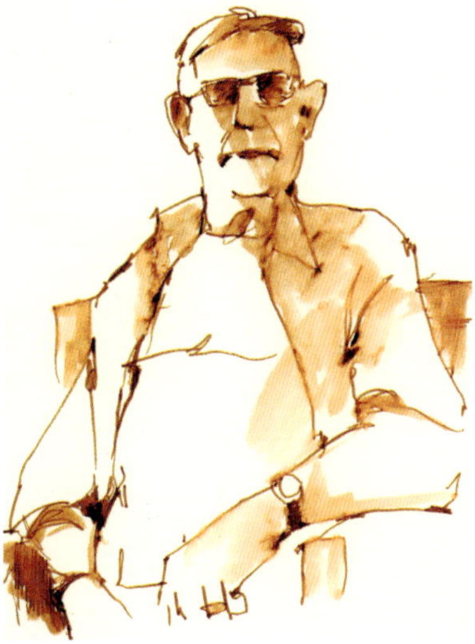

Seien Sie wählerisch in Bezug auf Farben

Sie verstehen die Farbtöne in Ihrem Kasten am besten, wenn Sie sie sich einzeln vornehmen. Das mache ich häufig. Selbst an extrem kalten Wintertagen, wenn ich zu Hause festsitze und sämtliche Farben zur Hand habe, arbeite ich gern monochrom. Im Garten steht eine Schubkarre, die ich vom Küchenfenster aus sehen kann und schon zu jeder Jahreszeit gemalt habe. Doch am liebsten im Winter, wenn darüber eine dicke Schneedecke liegt. Mit der Beschränkung auf eine Farbe - in diesem Fall Blau - zeige ich die bittere Kälte dieses Tages.

SHARI BLAUKOPF

Blauer Montag

20,3 × 25,4 cm; Aquarellfarben und Bleistift

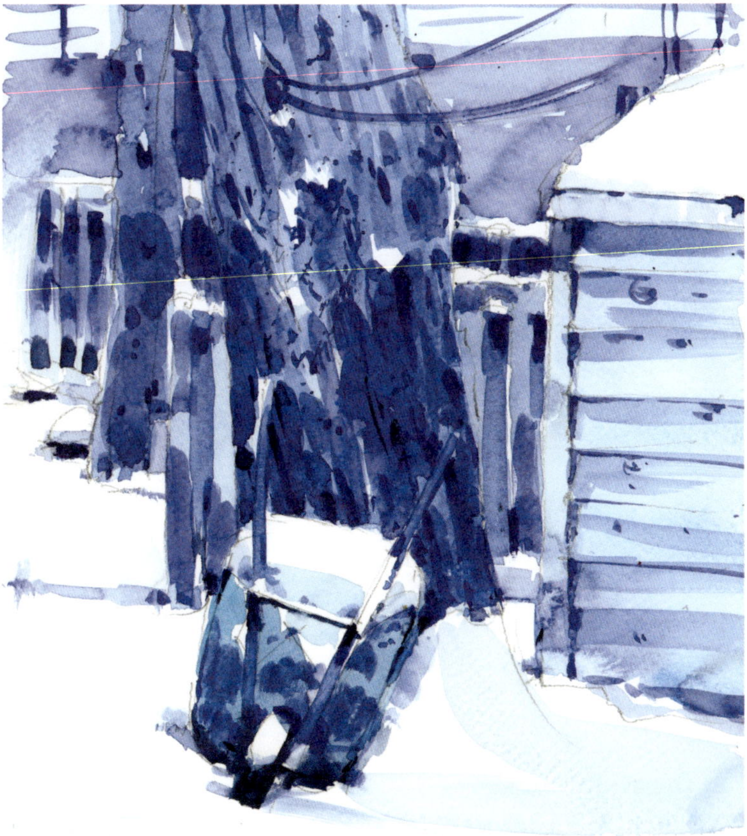

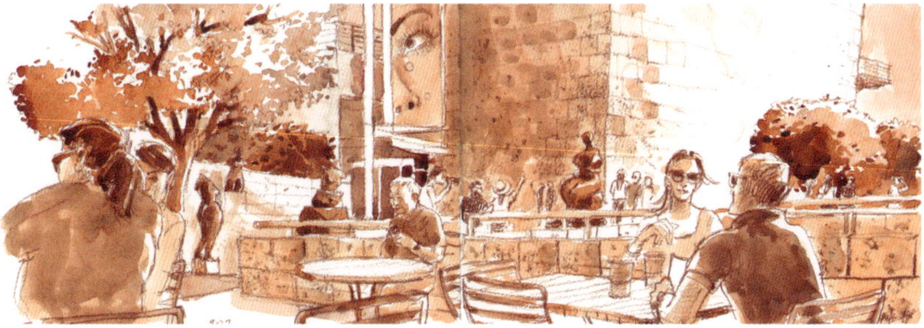

Linien sorgen für Struktur, doch die flächig gesetzte Farbe macht diese Szene im Museumscafé interessant.

VIRGINIA HEIN

Getty in Rot

30 × 58,4 cm; Buntstift und Aquarellfarbe

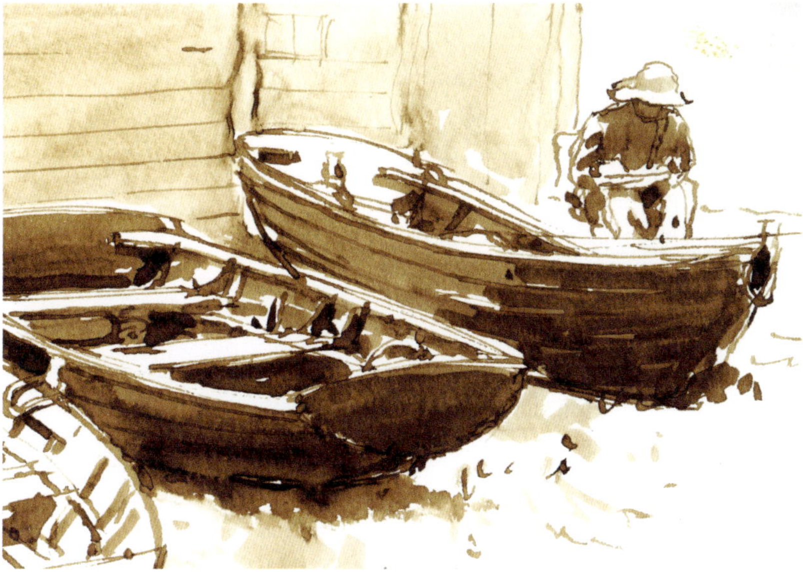

In dieser intimen Zeichnung erkundet Mike Kowalski mit einer satten Walnusstinte die ganze Bandbreite heller und dunkler Töne.

MIKE KOWALSKI

Ruderboote, Port Hadlock, Washington

22,8 × 30,4 cm; Bambusstift Tom Norton mit Walnusstinte Tom Norton

Akzente setzen

Manchmal ist reine Farbe das stärkste Statement. Überlegen Sie also einen Augenblick, was Sie über den Tag oder die Situation sagen wollen. Möchten Sie etwas besonders betonen? Dann wählen Sie eine kontrastierende Farbe und setzen damit einen dramatischen Fokus.

Auch die Kombination unterschiedlicher Werkzeuge kann sehr ausdrucksstark sein. Schaffen Sie eine Vielzahl von Texturen und Kanten, indem Sie in einem Bereich Linien setzen und für einen anderen zu Pinsel und Farbe greifen. Als Nächstes wechseln Sie mit dem Werkzeug auch die Farbe.

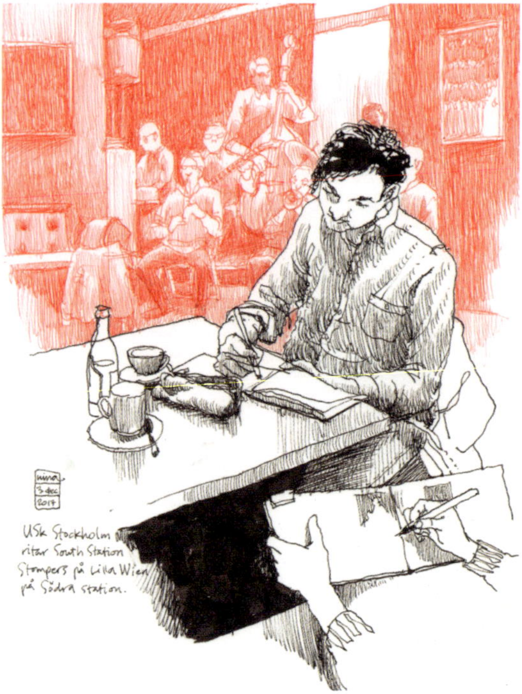

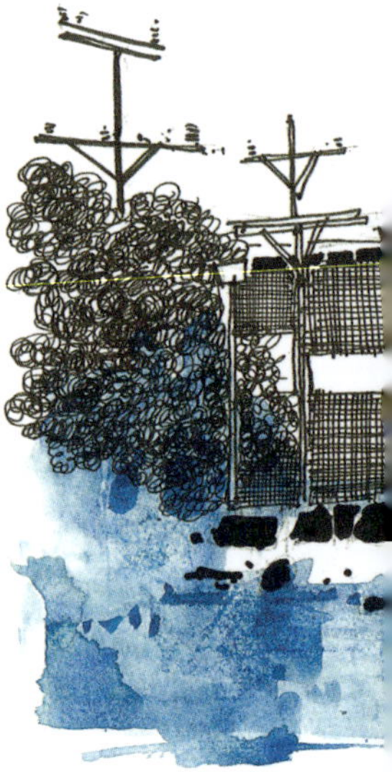

↑ Einen roten Stift für die Musiker und einen schwarzen Stift für die Zeichner zu verwenden ist eine geniale Möglichkeit, die verschiedenen Bereiche der Cafészene zu trennen.

NINA JOHANSSON

Lilla Wien, Stockholm

19 × 26 cm; Füller mit abgewinkelter Feder mit schwarzer Tinte und roter Kugelschreiber Bic Crystal

➔ Stellen Sie sich vor, wie anders die Skizze farbig ausgeführt wäre. Durch die Hervorhebung der roten Laternen und die Ausführung des Rests in Grautönen spüren wir die feierliche Stimmung förmlich.

VIRGINIA HEIN

Chinesisches Neujahrsfest im The Huntington, San Marino, Kalifornien

22,8 × 30,5 cm; Bleistift und Aquarellfarben

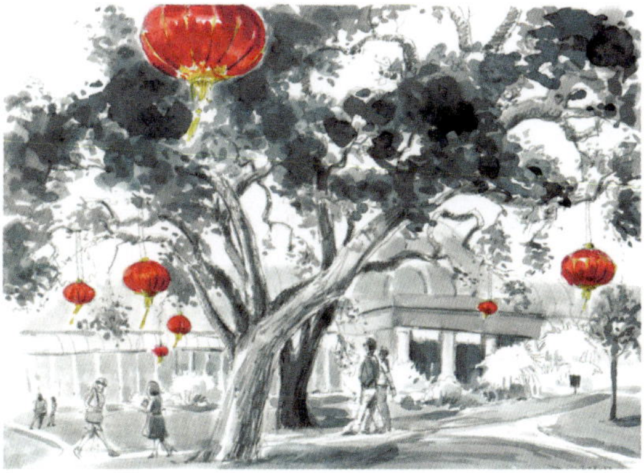

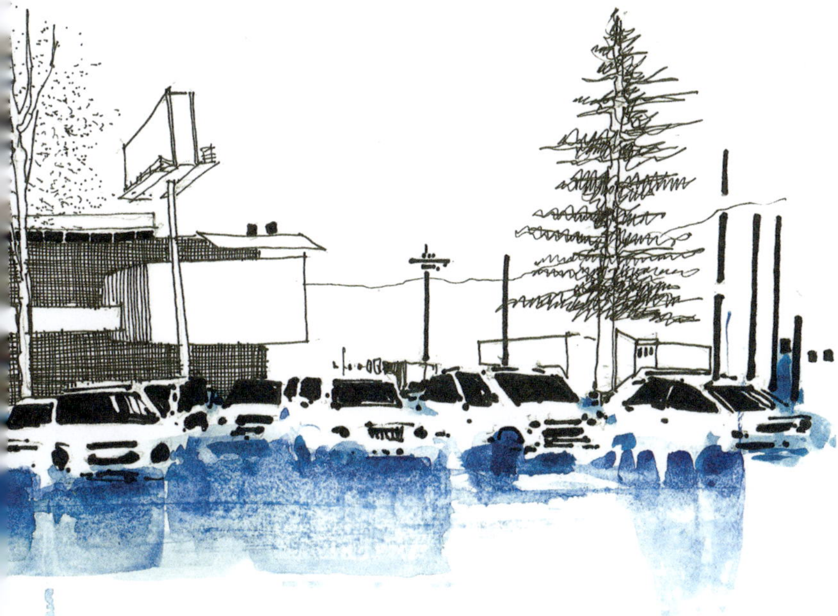

➔ William Cordero Hidalgo zeigt, was durch die Variation von Kanten möglich ist. Die Struktur der Zeichnung setzte er mit harten, schwarzen Linien, die Spiegelungen auf dem Parkplatz malte er mit blauer, wässriger Farbe.

WILLIAM CORDERO HIDALGO

Parkplatz, Turrialba Town, Cartago, Costa Rica

21,5 × 27,9 cm; Tuschestift und Aquarellfarbe

Beschränken Sie sich auf drei Farben

Es ist verlockend, sämtliche Farben im Kasten zu verwenden, doch wenn Sie die Farbauswahl beschränken, entstehen eindrucksvollere Harmonien. Mit dem richtigen Dreiklang von Primärfarben können Sie Sekundärfarben und eine endlose Vielfalt dunkler und neutraler Farben mischen. Die zufälligen, aber genau richtigen Farbtöne auf Ihrem Papier werden Sie überraschen.

Coal Harbour entstand an einem wolkenverhangenen Tag. Mit meinen drei Primärfarben (s. u.) mischte ich eine ganze Skala von hellen und dunklen Grüntönen sowie ein paar interessante neutrale Farben für das Bootshaus.

SHARI BLAUKOPF

Coal Harbour, Vancouver, Kanada

21 × 41,5 cm; Tuschestift und Aquarellfarben

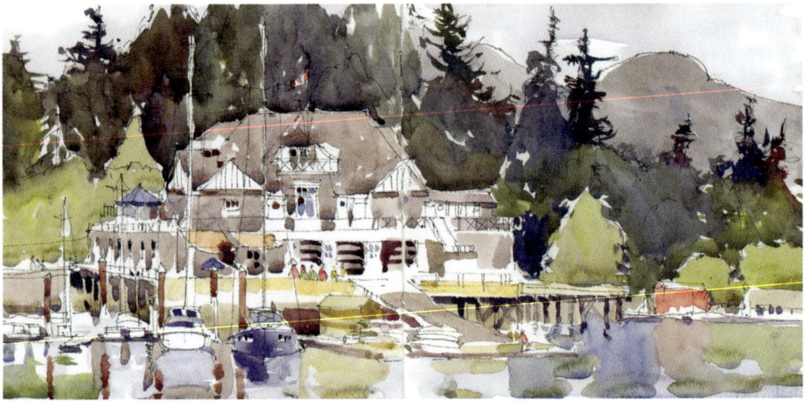

Einer meiner liebsten Dreiklänge (siehe Seite 16) von Primärfarben besteht aus Ultramarinblau, Hansagelb und Permanent Alizarinkarmesin. Wenn ich sie in unterschiedlichen Verhältnissen mische, erhalte ich nicht nur kräftige Sekundärfarben, sondern auch tolle neutrale Farben und tiefe Dunkelheiten. Sehen Sie nur, wie sie leuchten!

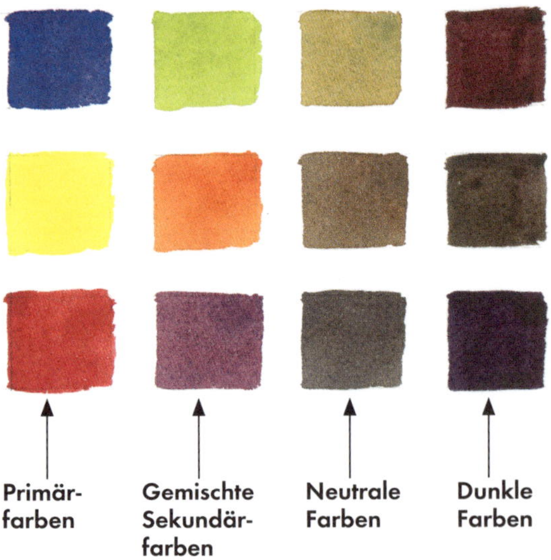

➲ Sie müssen nicht exakt zwischen den Linien malen. Der leichte Versatz zwischen Linien und Farbflächen macht diese Skizze des Rathauses von Pamplona sehr lebendig.

JOHN WRIGHT

Rathaus in Pamplona, Spanien

14 × 20 cm; Aquarellfarben und Tuschestift in Skizzenbuch Laloran

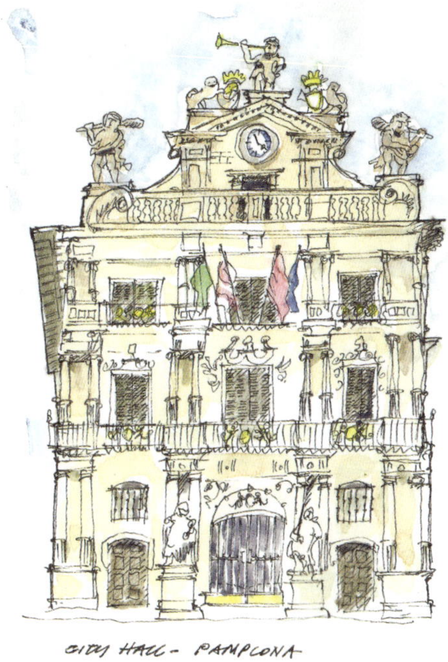

Packen Sie leicht

Als John Wright aus Ottawa sich auf seine fünfwöchige Wanderung auf dem Jakobsweg in Spanien vorbereitete, brauchte er eine ultraleichte Zeichenausrüstung. Er packte einige kleine Skizzenbücher, Stifte und Pinsel ein sowie einen kleinen Aquarellkasten und einige Tuben Primärfarben. Damit konnte er die ganze Vielfalt der Szenen und Charaktere einfangen, auf die er unterwegs traf.

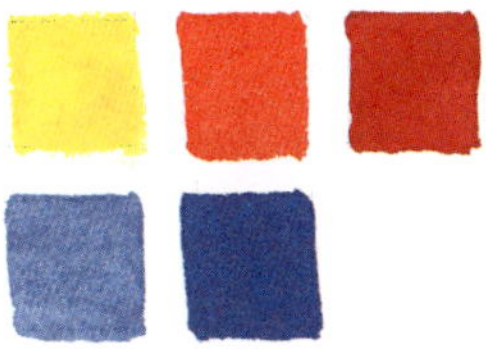

➊ Zu Johns Ausrüstung gehörten Tuben mit Aureolin (Kobaltgelb), Permanent Krapprosa, Coelinblau und Ultramarinblau.

Tipp: Nehmen Sie eine Ihrer eigenen Skizzen, die Ihnen unharmonisch und zu bunt erscheint, und malen Sie das Motiv noch einmal mit einer eingeschränkten Palette von drei Primärfarben.

Lassen Sie sich von Farben überraschen

Auf den vorangegangenen Seiten habe ich Ihnen einige Vorschläge gemacht, doch ich möchte Sie anregen, mit Ihrem eigenen Dreiklang zu experimentieren. Lassen Sie sich von neuen Farbkombinationen überraschen – so wie ich, als ein bisschen Kobaltblaugrün in meinen Aquarellkasten leckte. Statt es abzuwaschen, setzte ich das strahlende Türkisblau in den nächsten Wochen überall ein. Durch diesen glücklichen Zufall entdeckte ich unerwartete und harmonische neue Farbkombinationen.

Wenn ich für eine eingeschränkte Farbpalette kühle Farbtöne auswähle, fange ich normalerweise mit einem Primärfarben-Dreiklang transparenter Farbtöne an, etwa Ultramarinblau, Hansagelb und Permanent Alizarinkarmesin. Doch auch opake Farben wie Coelinblau, Kadmiumorange und Gelber Ocker ergeben interessante Kombinationen. Oder sogar Sekundärfarben wie Orange, Grün und Lila. Experimentieren Sie!

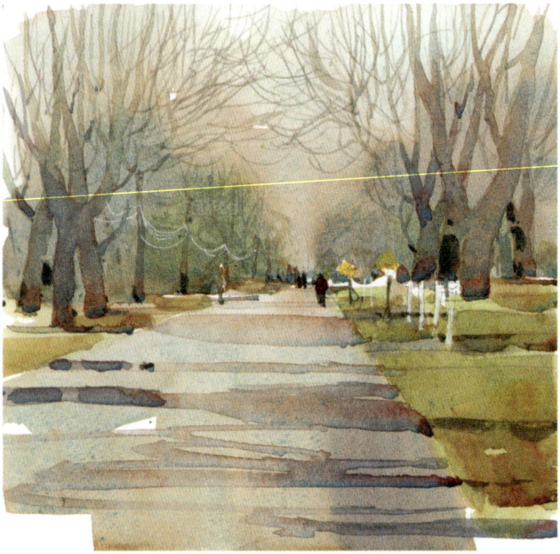

Neblige, trübe Tage erfordern mattere Farben. Für diese atmosphärische Straßenszene bestand mein Farben-Dreiklang aus Coelinblau, das heller und opaker ist als Ultramarinblau, Quinacridon Gold und Alizarinkarmesin.

SHARI BLAUKOPF

Straße im Nebel

20,3 × 20,3 cm; Aquarellfarben und Bleistift

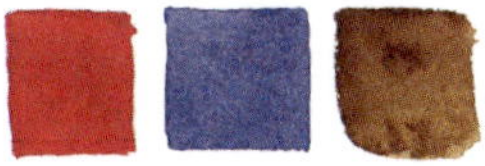

Der Winter verlangt nach einer eingeschränkten Farbpalette. In der trüben Landschaft waren anfangs kaum Farben zu finden, doch als die Sonne herauskam, war alles wie verwandelt. Der Hell-Dunkel-Kontrast zwischen den Bäumen und dem Schnee sprang mich förmlich an, und plötzlich waren Bewegung und Richtung da. Indanthronblau, Umbra gebrannt und ein wenig Alizarinkarmesin ergaben einen tollen dunklen Farbton für die Baumstämme und Äste.

SHARI BLAUKOPF

Strukturen des Winters

25,4 × 35,5 cm; Aquarellfarben und Bleistift

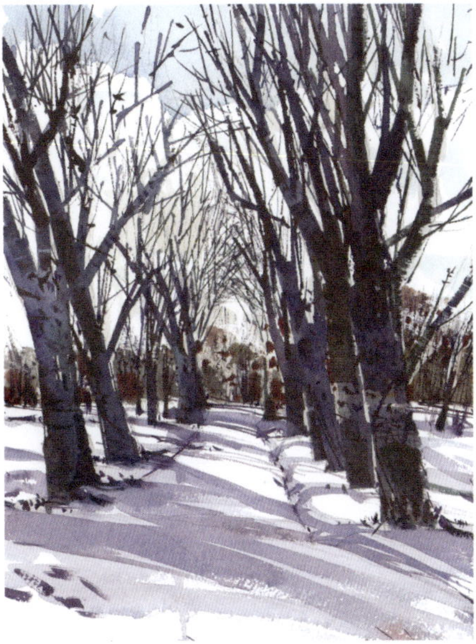

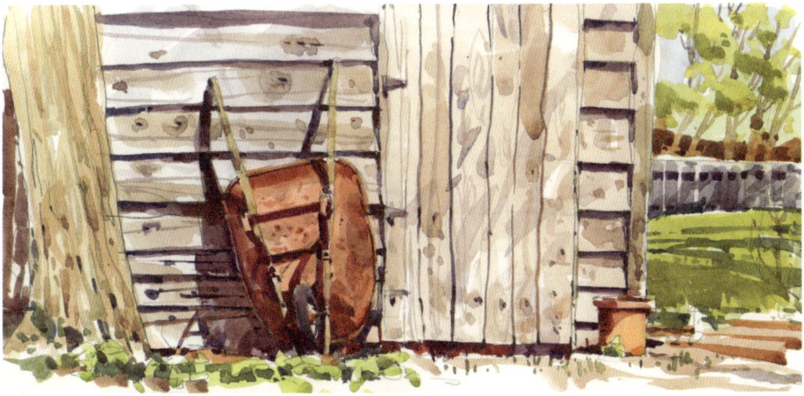

Bei dieser Frühlingsszene mit den scharf umrissenen, dunklen Schatten interessierte ich mich mehr für Tonwerte als für Farben. Ich arbeitete mit meiner liebsten eingeschränkten Palette aus Ultramarinblau, Alizarinkarmesin und Hansagelb. Ich staune immer noch, dass ich damit alle Sekundärfarben, die ich brauche, mischen kann – die hellen Grüntöne der Bäume im Frühling, den orangefarbenen Rost der Schubkarre und das dunkle Lila des Schattens auf dem Schuppen.

SHARI BLAUKOPF

Schubkarre und Schuppen

40,6 × 20,2 cm; Aquarellfarben und Bleistift

HIER IST PLATZ FÜR IHRE SKIZZE!

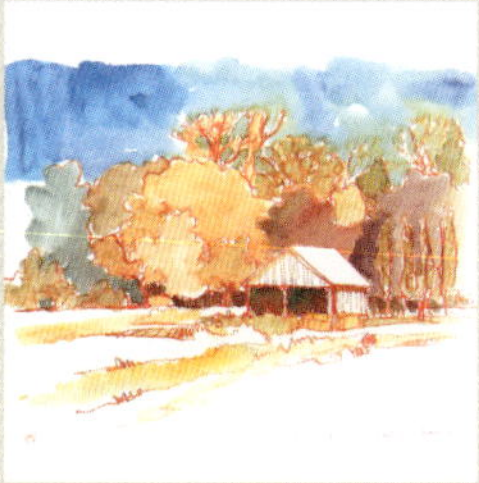

SCHLÜSSEL V
FARBBEZIEHUNGEN

Bisher haben wir uns mit Tonwerten und der Verwendung von Farben befasst. Wir haben monochrom gemalt und mit zwei oder drei Farben. Jetzt erweitern wir die Grenzen und machen uns daran, Geschichten in reichen, ausdrucksstarken Farben zu erzählen.

Farben können Stimmungen und starke Gefühle vermitteln. Nicht ohne Grund sagen wir, jemand sieht schwarz oder ist grün vor Neid. Wer wütend ist, sieht schon mal rot. Und wer zu viel Alkohol getrunken hat, ist blau.

Farben laden Ihre Arbeiten emotional auf: Mit satten Rot- und Gelbtönen wecken Sie Leidenschaft oder dämpfen sie mit zartem Blau oder Malve.

In diesem Kapitel zeige ich Ihnen, wie Sie Farben ausdrucksvoll und bewusst einsetzen können. Wenn Sie die Farbtemperatur regulieren oder komplementäre, kühne oder sogar gedämpfte Farbkombinationen benutzen, werden Sie irgendwann Ihre Farb-»Stimme« finden, die Sie inspiriert, Ihre eigene Farbgeschichte zu erzählen.

MARK ALAN ANDERSON
South Withers Road, Liberty, Missouri
12,7 × 20,3 cm; Aquarellfarben und Füller auf Aquarellpapier Artistico Fabriano

Mit warmen Farben zum Betrachten einladen

Wie bringen Sie Energie und Bewegung in Ihre Skizzen von Innenräumen? Sagen wir, Sie sind in einem Raum voller Bewegung, Geselligkeit und leuchtenden Farben. Tunken Sie den Pinsel in Rot-, Gelb- und Orangetöne, um die Stimmung einzufangen. Mit anderen Worten, überlassen Sie es der Farbtemperatur, den Ton anzugeben. Sie haben die künstlerische Freiheit, selbst wenn nicht nur Rot- und Orangetöne im Raum sind. Das, was Sie empfinden, darf in Ihrer Skizze zu sehen sein.

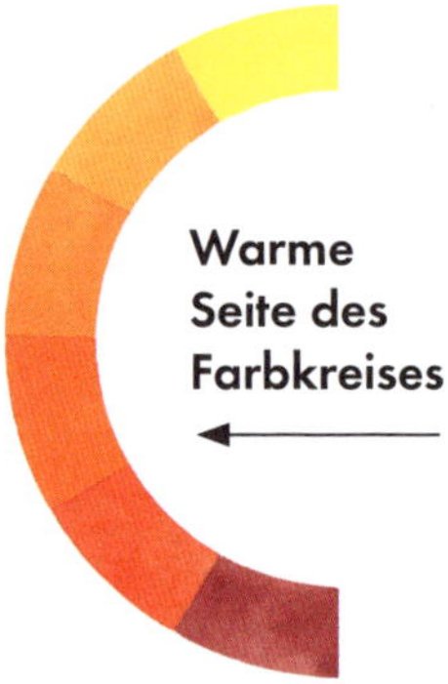

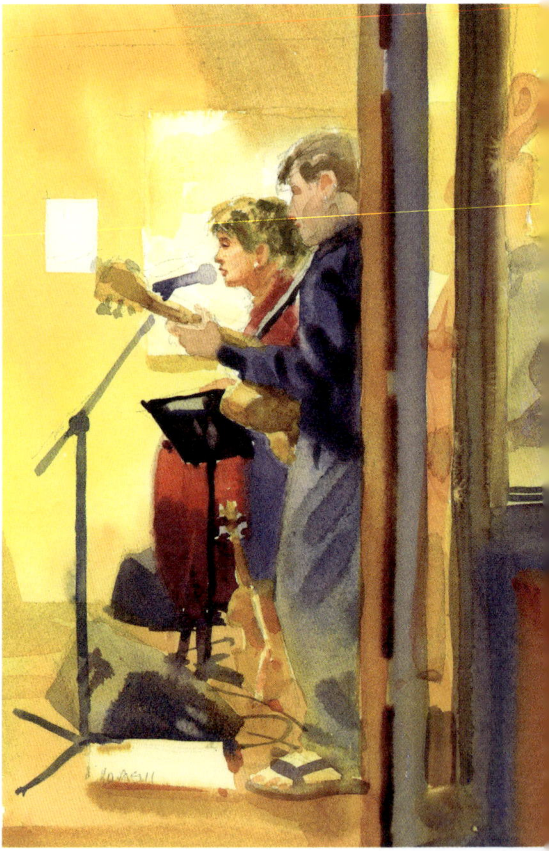

➲ Spüren Sie die Wärme, die von diesem Raum ausgeht? Gelb-, Orange- und Rottöne ziehen den Blick an, während hier und da ein wenig Blau auf der Kleidung für Kontrast sorgt.

MIKE KOWALSKI

Naked Winery, Hood River, Oregon

22,8 × 30,4 cm; Aquarellfarben

➲ A. Rmyth setzte sich unter den Fernseher. Dort hatte er den besten Blick in die Gesichter der Cafégäste. Dann zeichnete er sie mit einem lebendigen Muster einander überschneidender Linien in warmen Farben.

A. RMYTH

Unter dem Fernseher im Café »Palais d'Essaouira«

42 × 30 cm; ProMarker Winsor & Newton und PITT Artist Pen Faber-Castell auf Zeichenpapier

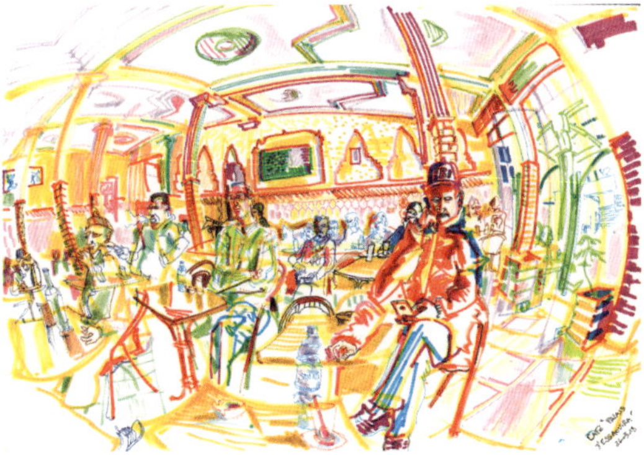

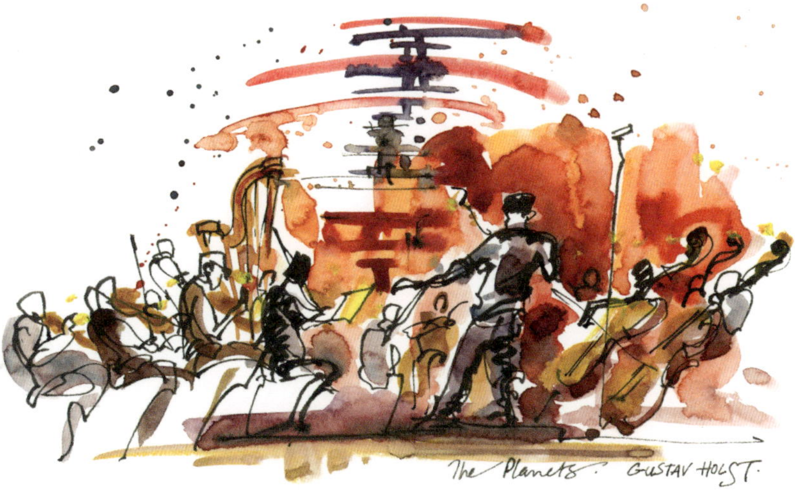

➊ Die warmen Farben und gestischen Pinselstriche drücken Begeisterung und Ausgelassenheit aus. Wir können die Musik beinahe hören!

SUHITA SHIRODKAR

Cambrian Symphony spielt »Die Planeten« von Gustav Holst

22,8 × 30,4 cm; *Aquarellfarben, Füller und Tinte*

Die Kälte des Winters spüren

Wenn ich ein Gefühl ruhiger Gelassenheit vermitteln möchte, greife ich zu kühlen Winterfarben – den Blau-, Lila- und Grüntönen auf der rechten Seite des Farbkreises. Da, wo ich lebe, liegt die Landschaft einen guten Teil des Jahres unter einer Schneedecke, also habe ich viel Übung mit kühlen Farben. Im Winter sitze ich oft im Auto und tauche den Pinsel in Blau- und Lilatöne, um die frostigen Szenen in der Nachbarschaft einzufangen.

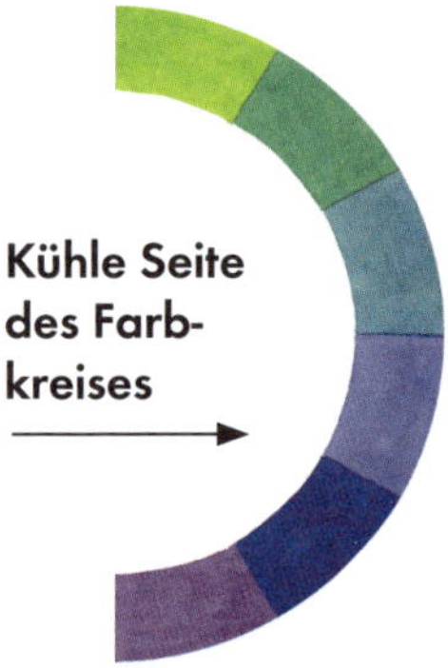

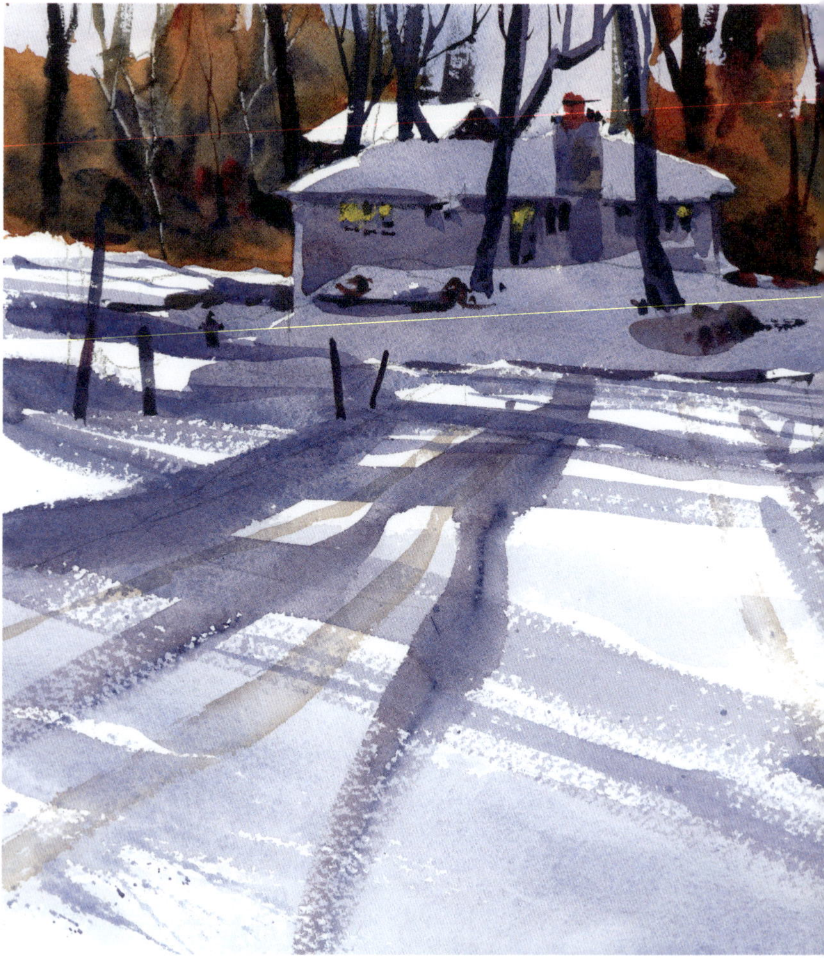

➲ Susanne Strater setzt kühle Lila- und Blautöne für Bäume und Landschaft neben warme Komplementärfarben für das Haus und die erleuchteten Fenster.

SUSANNE STRATER

Dazwischen

44,4 × 29,2 cm; Pastellkreiden auf Pastellpapier Mi-Teintes Canson

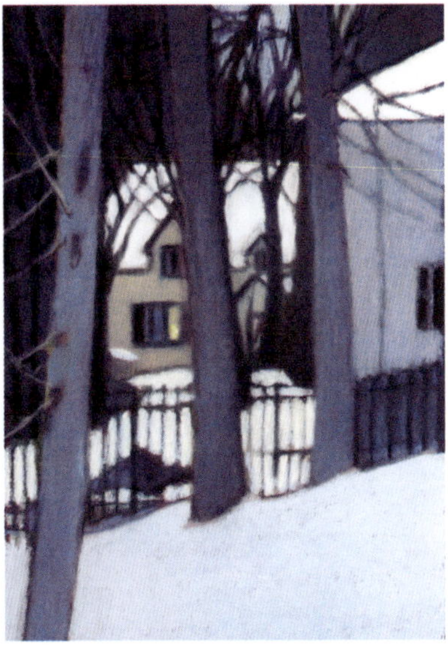

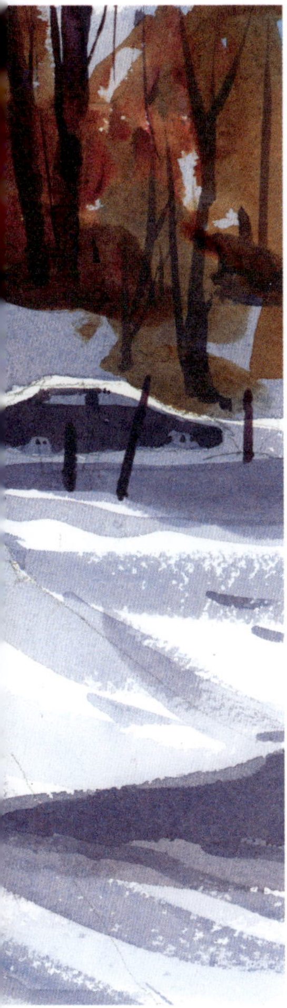

Nachdem ich unzählige Schneeszenen gezeichnet habe (und Stunden brauchte, um meine Finger wieder aufzutauen), steht für mich fest, dass Kobaltblau bestens geeignet ist für Schatten auf Schnee. Eine ordentliche Menge Kobaltblau mit einem kleinen Tropfen Permanent Alizarinkarmesin, und ich habe den richtigen violettblauen Farbton für alles, was mir der Winter vor die Füße wirft.

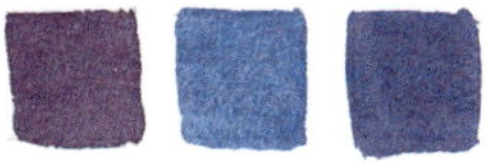

➲ Es gibt nichts Ruhigeres als die gedämpfte Stille nach starkem Schneefall. Diese Skizze entstand, kurz nachdem die Sonne herauskam und messerscharfe Schatten über die Straße warf. Beachten Sie die Bäume als kontrastierende Elemente in warmen Farben im Hintergrund.

SHARI BLAUKOPF

Haus im Schatten

27,9 × 38 cm; Aquarellfarben

In Komplementärfarben denken

Alle Farben in einem Bild werden von den Nachbarfarben beeinflusst. Farben, die sich auf dem Farbkreis gegenüberliegen, verstärken einander und schaffen starke Kontraste, besonders ungemischt. Gérard Darris hat in seiner Skizze von Rennes (unten) ein kräftiges Orange und ein kräftiges Blau nebeneinandergesetzt. Das Blau der Markise lässt die orangefarbenen Schirme und Stühle förmlich hervorspringen.

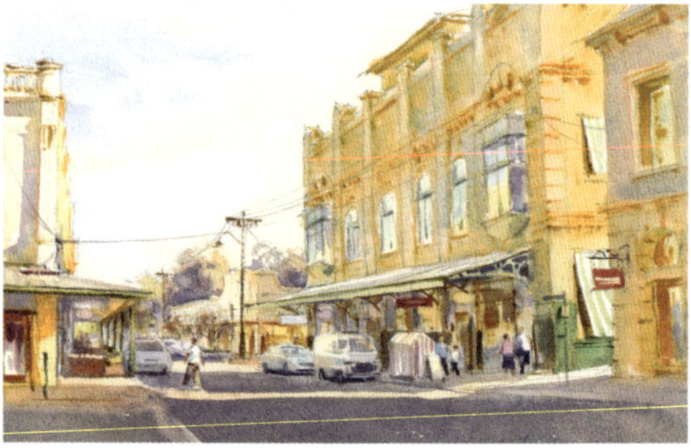

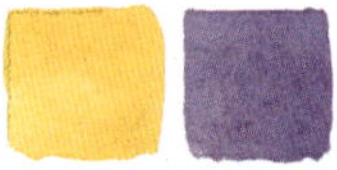

Mike Kowalski wechselt warmes, strahlendes Gelb für die Gebäude mit kühlen Mauvetönen für die Schatten und die Bäume in der Ferne ab.

MIKE KOWALSKI

Mailing Road, Melbourne, Australien

22,8 × 35,5 cm; Aquarellfarben auf Papier Saunders

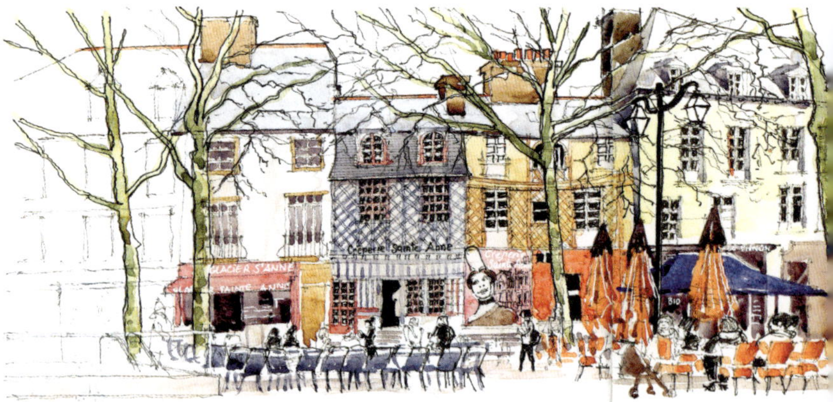

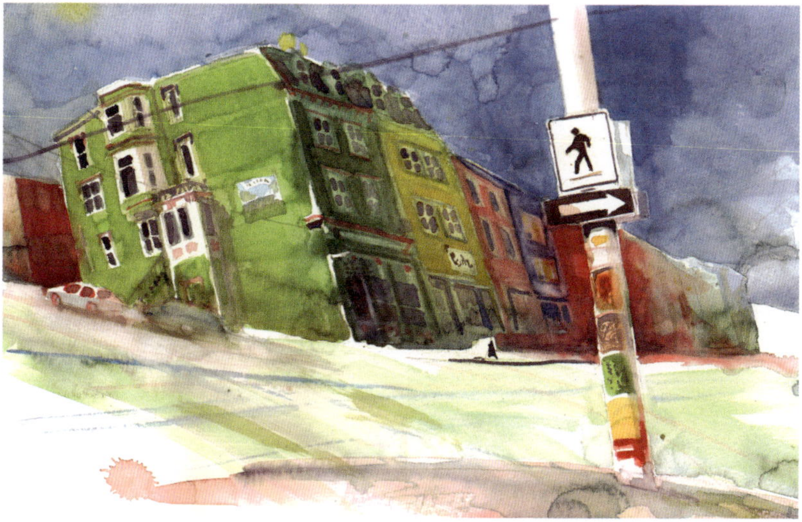

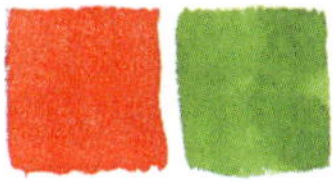

Die diagonale Neigung der kultigen Jellybean-Häuser und die Wiederholung von gesättigten Rot-, Grün- und Gelbtönen an Gebäuden und Pfosten geben dieser Skizze ihre einzigartige Energie.

OMAR JARAMILLO

St. John's, Neufundland

38 × 28 cm; Aquarellfarben

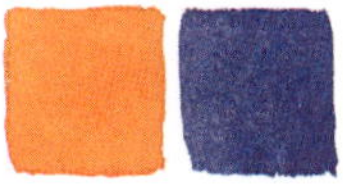

Sie müssen nicht jeden Zentimeter Papier mit Farbe zudecken. In dieser Frühlingsskizze konzentrieren sich die Orange- und Blautöne auf die Bildmitte; die umgebenden Strukturen sind in weicheren, neutraleren Farben gehalten.

GÉRARD DARRIS

Place Sainte-Anne, Rennes, Frankreich

21 × 60 cm; Pigment Liner Staedtler, Pinselstift und Aquarellfarben

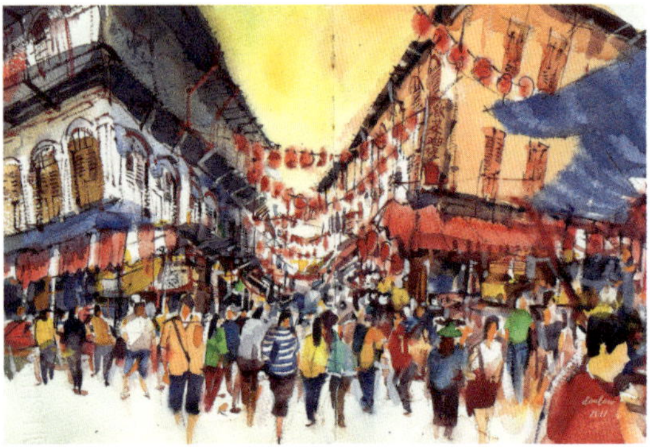

Farben können kulturelle Konnotationen haben. Weil Rot in China für Glück steht, greift der Zeichner Don Low aus Singapur für die Feierlichkeiten zum chinesischen Neujahrsfest zu gesättigten Rottönen.

DON LOW

Feierlichkeiten in Chinatown, Singapur

35,5 × 25,4 cm; Aquarellfarben, titanweiße Gouache

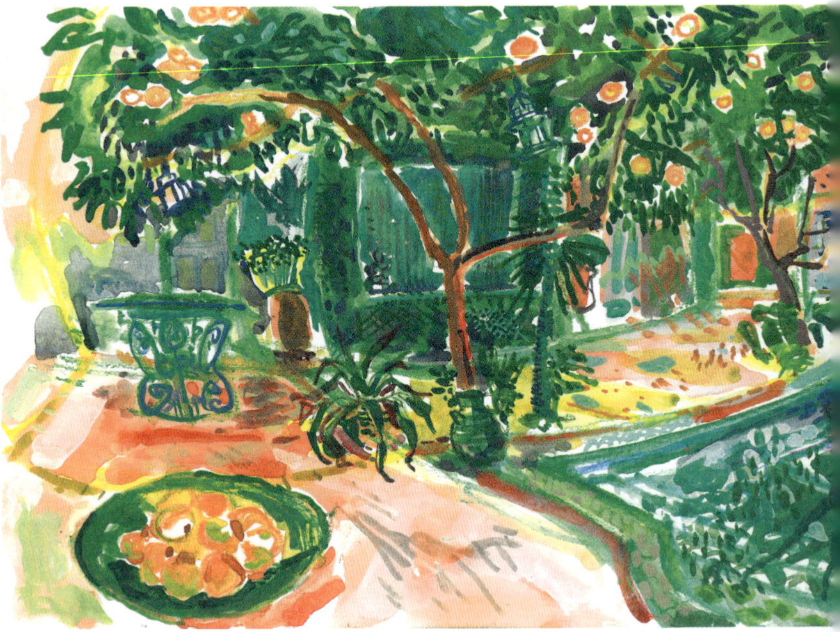

Reine Farben brüllen

Manche Motive, wie geschäftige Märkte und Straßenszenen, verlangen einfach nach reinen, nicht abgemischten Farben. Wenn Sie solche lebendigen Orte lieben, besteht die Herausforderung darin, Chaos, Lärm und Bewegung einzufangen. Nebeneinandergesetzte Primär- und Sekundärfarben können einen starken visuellen Reiz erzeugen; setzen Sie Farben also strategisch ein und möglichst gesättigt.

Tipp: Wenn Sie in Ihrer Aquarellskizze auch reine Farben setzen möchten, achten Sie darauf, dass die Farben frisch sind. Je frischer die Farbe, desto leuchtender.

Eine starke Aussage über eine spezielle Szene gelingt, wenn eine Farbe brüllen darf. Hier sorgt ein Dschungel aus Pflanzen in gesättigten Grüntönen für ordentlich Tumult.

A. RMYTH

Riad, Innenhof mit Wasserbecken

60 × 21 cm; Aquarellfarben

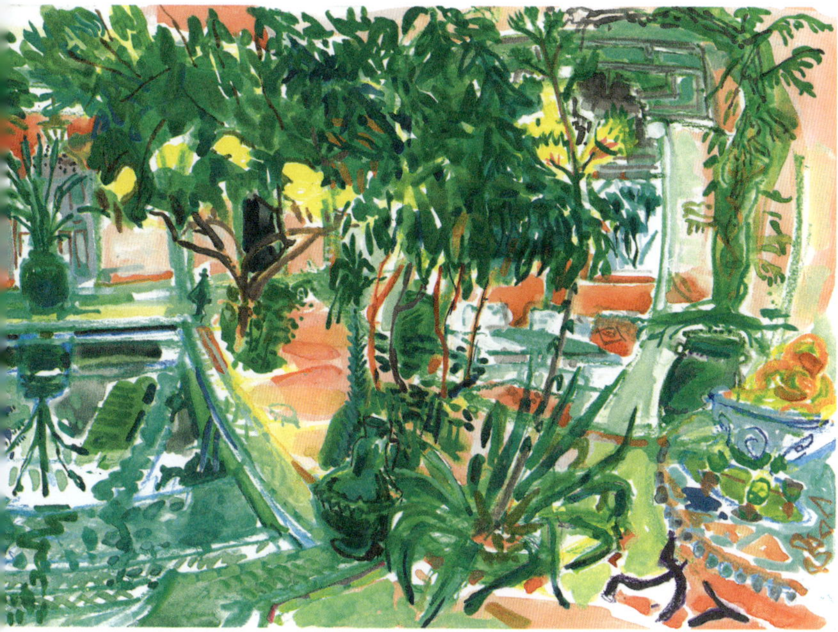

Mit Farbintensität für Abwechslung sorgen

Eine meiner Lehrerinnen sagte immer: »Verwendet viele neutrale Farben für eure Bilder. Sie bringen die anderen Farben zum Singen.« Daran muss ich oft denken, wenn ich draußen skizziere. Leuchtende Farben ziehen den Blick wie von selbst an, wenn sie von Grautönen oder neutralen Farben umgeben sind. Überlegen Sie also, wo der Blick verweilen soll, und weisen Sie mit reinen Farben den Weg.

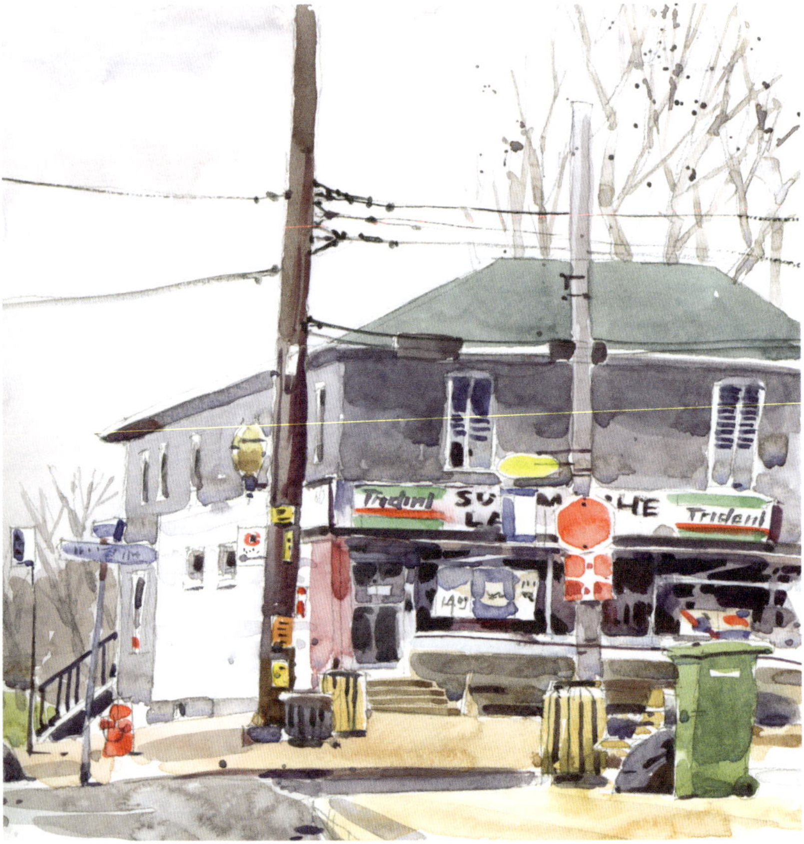

↑ Dieser Gemischtwarenladen zog mich an, weil ich gern bunte Schilder male. Der graue Himmel und das graue Gebäude weichen vor den reinen Farben förmlich nach hinten.

SHARI BLAUKOPF

Ecke in Valois, Pointe-Claire, Quebec, Kanada

20,3 × 20,3 cm; Aquarellfarben und Bleistift

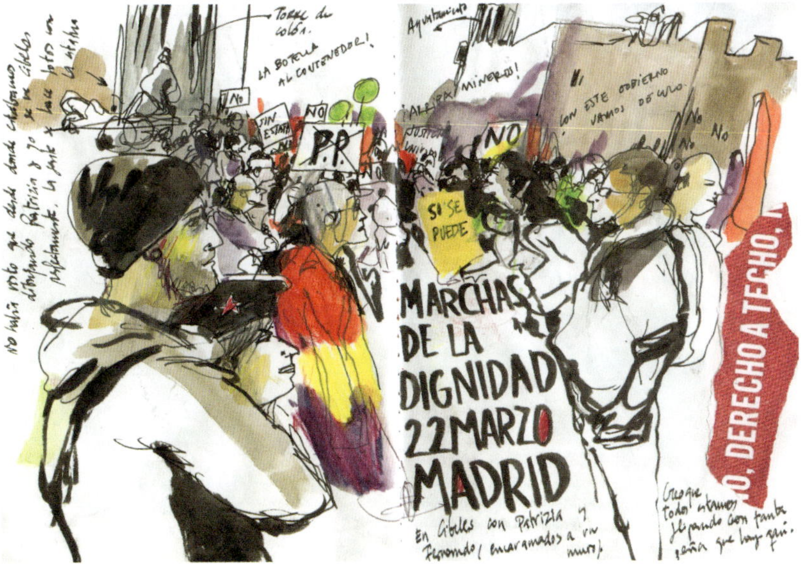

↑ Schauen Sie, wie die Künstlerin knallbunte Farben und typografische Elemente nutzt, um etwas über einen speziellen Ort zu erzählen.

INMA SERRANO

Marchas de la Dignidad, Madrid

21 × 29 cm; Brush Pen Pentel, Fineliner Uni Pin, Aquarellfarben für die grauen Bereiche und Aquarellstifte in Skizzenbuch Artbook Canson

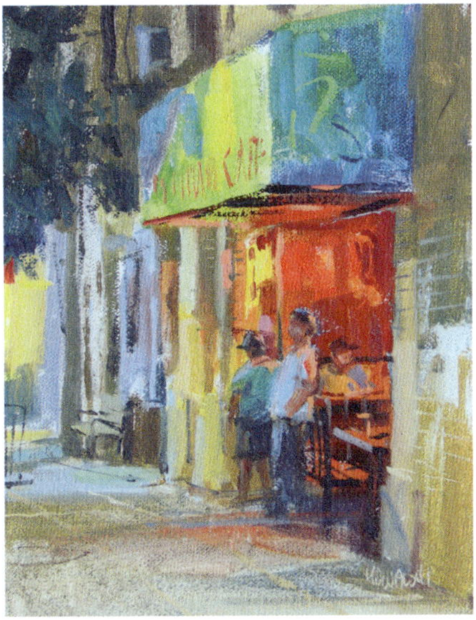

→ Mike Kowalski verwendet leuchtende Primärfarben, um die Menschen, die vor einer bunt erleuchteten Bar stehen, in den Fokus zu rücken, und setzt Straße und Gebäude in weichere, neutrale Farben.

MIKE KOWALSKI

Guck mal!, Hood River, Oregon

15,2 × 20,3 cm; Ölfarben

HIER IST PLATZ FÜR IHRE SKIZZE!

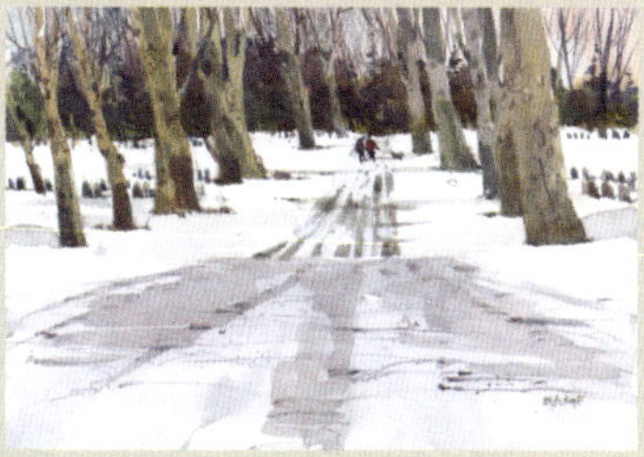

SCHLÜSSEL VI
NEUTRALE FARBEN

Neutrale Farben bekommen nicht den Respekt, den sie verdienen, sie gelten als fad und langweilig. Doch für mich haben diese – namenlosen – Farben, die perlmuttfarbenen Grau- und gedämpften Brauntöne mit ihren vielen satten Untertönen, eine betörende Schönheit.

Neutrale Farben sind das Rückgrat städtischer Szenen; in meinen Skizzen, in denen viele Steingebäude vorkommen und die oft bei bewölktem Himmel entstehen, nehmen sie definitiv einen Ehrenplatz ein. Ich mische meine lebendigen Grautöne selbst, statt Farben direkt aus der Tube zu verwenden, denn durch die Kombination verschiedener Farbtöne lässt sich die Farbtemperatur der Grautöne variieren – mehr Blau für einen kühleren neutralen Ton, mehr Gelb für einen wärmeren. Die Zahl der Grautöne, die ich so erzeugen kann, ist schier endlos.

Im vorherigen Kapitel haben wir die Grenzen der Farben ausgelotet, indem wir sie in ihrer reinsten Form verwendet haben. Doch in diesem Kapitel tönen wir sie ein wenig ab und flüstern, statt zu brüllen.

SHARI BLAUKOPF
Friedhofsweg
30,4 × 21,4 cm; Aquarellfarben und Bleistift

Mischen Sie Ihre eigenen Grautöne

Ja, wenn Sie Schwarz mit Wasser verdünnen, erhalten Sie ein annehmbares Grau. Aber es ist ein eintöniges Grau, dem warme oder kühle Untertöne fehlen. Ich ziehe es vor, meine eigenen warmen oder kühlen Grautöne aus zwei oder drei anderen Farben zu mischen. Auf diese Weise steht mir eine unendliche Vielzahl wunderbar subtiler Grauschattierungen zum Malen zur Verfügung.

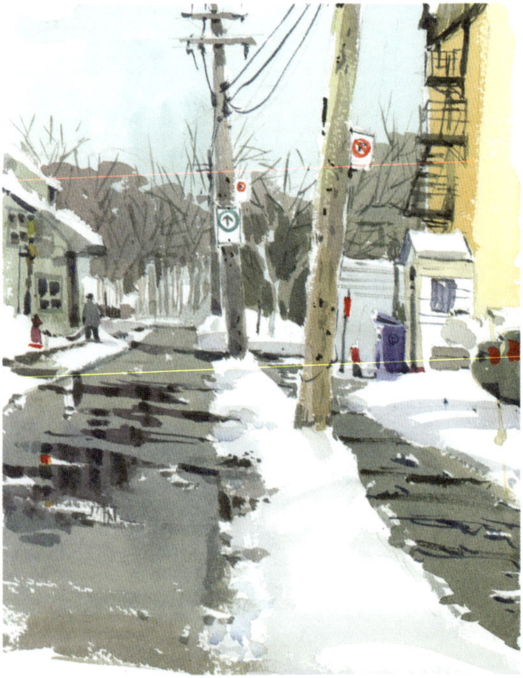

Im Winter in Montreal machen sich in meinem Aquarellkasten Grautöne breit. Hier habe ich sehr viele warme Grautöne für die Straße und den Wald im Hintergrund verwendet.

SHARI BLAUKOPF

Avenue Ste. Anne, Pointe-Claire, Quebec, Kanada

25,4 × 35,5 cm; Aquarellfarben

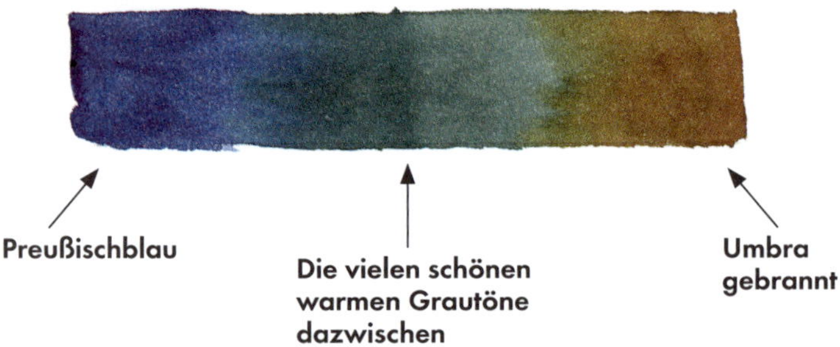

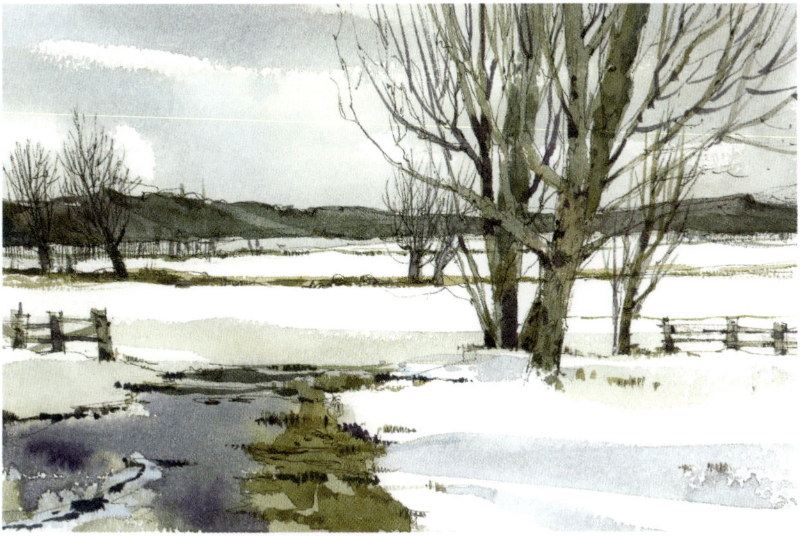

Durch Mischen von Siena natur, Siena gebrannt und Indigo entstanden die Farbtöne für diese Skizze.

Wenn Sie Grautöne mischen, denken Sie an die Farbtemperatur. Wollen Sie kühle oder warme Grautöne? In dieser Frühlingsskizze kommt eindeutig meine Sehnsucht nach Wärme durch.

SHARI BLAUKOPF

Schneeschmelze auf dem Land

19 × 28 cm; Tuschestift und Aquarellfarben

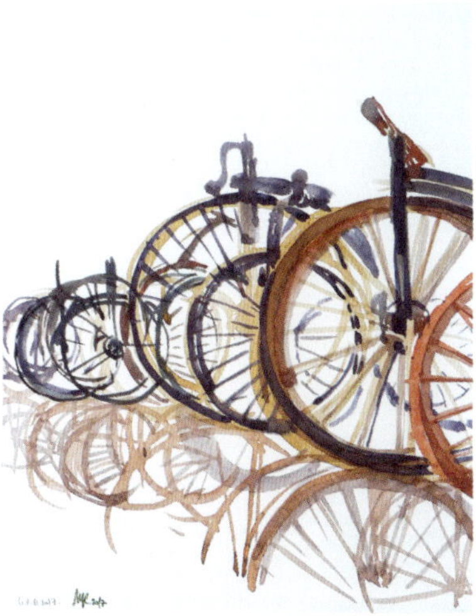

Erfreuen Sie sich an der breiten Palette neutraler Töne und Grautöne, die Marion Rivolier für ihre Fahrrad-Skizze auf der Basis von Blau- und Brauntönen gemischt hat.

MARION RIVOLIER

Fahrräder im Musée des arts et métiers, Paris

32 × 24 cm; Aquarellfarben auf Aquarellpapier

Experimente mit Dreiklängen

Mischen Sie zu gleichen Anteilen Rot, Gelb und Blau, kommt wahrscheinlich ein recht neutrales Grau heraus. Ich experimentiere gern mit verschiedenen Dreiklängen von Primärfarben, denn jeder bringt ein anderes Grau hervor. Durch die Variation der jeweiligen Farbanteile können Sie viele leuchtende Grautöne erzeugen.

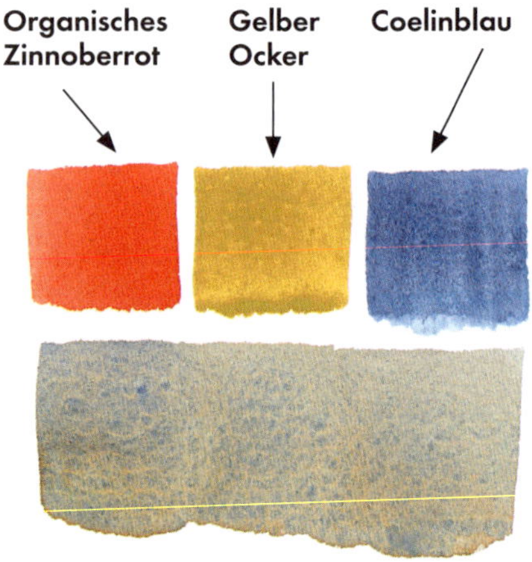

Für das zarte bläuliche Grau der schneebedeckten Straße habe ich Organisches Zinnoberrot, Gelben Ocker und Coelinblau gemischt. Für die lilafarbenen Schatten fügte ich mehr Rot und Blau hinzu, aber weniger Gelb.

SHARI BLAUKOPF

Sixth Avenue, Lachine, Montreal, Kanada

25,4 × 35,5 cm; Aquarellfarben und Bleistift

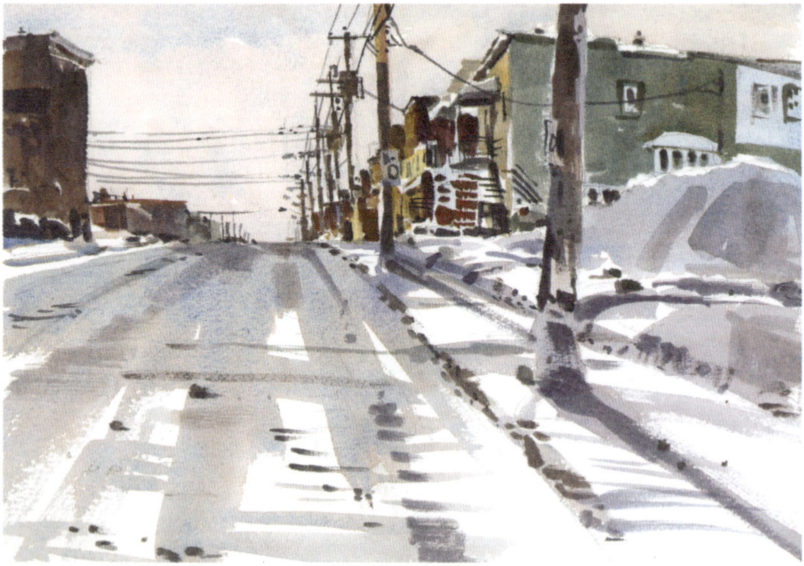

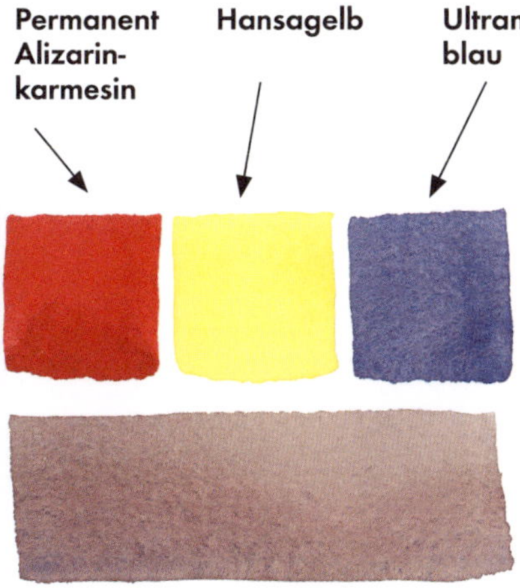

Das Grau eines Gewitterhimmels

Ein weiterer beliebter Dreiklang transparenter Primärfarben, der ein perfektes Grau für regennasse Straßen, Schieferdächer und düstere Himmel ergibt, ist Permanent Alizarinkarmesin, Hansagelb und Ultramarinblau.

Grautöne mischen ist ein Balanceakt

Sehr schöne komplexe Grautöne lassen sich auch aus Komplementärfarben mischen. Ultramarinblau und Siena gebrannt ergeben ein klassisches neutrales Grau, das seit Jahrhunderten von Aquarellmalern bevorzugt wird und in Richtung warm oder kühl reguliert werden kann. Permanent Alizarinkarmesin und Phthalogrün ergeben zusammen ein dunkles, sattes Grau, das ich für Strommasten und Stromkabel verwende.

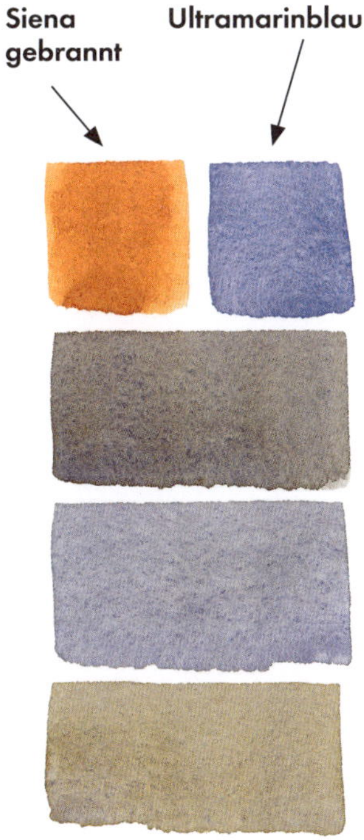

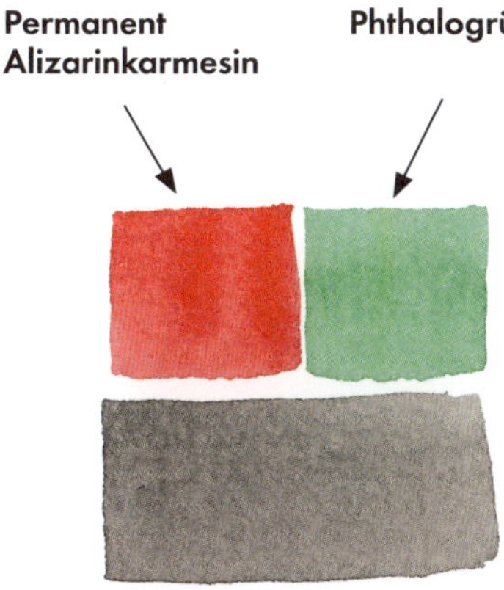

Grau ist nicht gleich grau

Wenn bei Ihrem Motiv neutrale Farben vorherrschen, ist es ganz wichtig, die neutralen Farbtöne zu variieren. Damit meine ich das Spiel mit verschiedenen Registern heller und dunklerer Tonwerte sowie warmer und kühler neutraler Töne. Ich mische zunächst eine ordentliche Menge Grau und verschiebe beim Malen die Balance, indem ich mal mehr Blau, mal mehr Rot und mal mehr Gelb hinzufüge. Oft mische ich die Farben auch auf dem Papier.

In seinem Aquarell eines Platzes in São Paulo wechselt der brasilianische Künstler Renato Palmuti warme und kühle neutrale Farbtöne ab und setzt reine Farben in die sonnenbeschienenen Bereiche.

RENATO PALMUTI

Praça do Patriarca,
São Paulo

18 × 27 cm; Aquarellfarben in Skizzenbuch Waterford Saunders

Warmes neutrales Grau

Kühles neutrales Grau

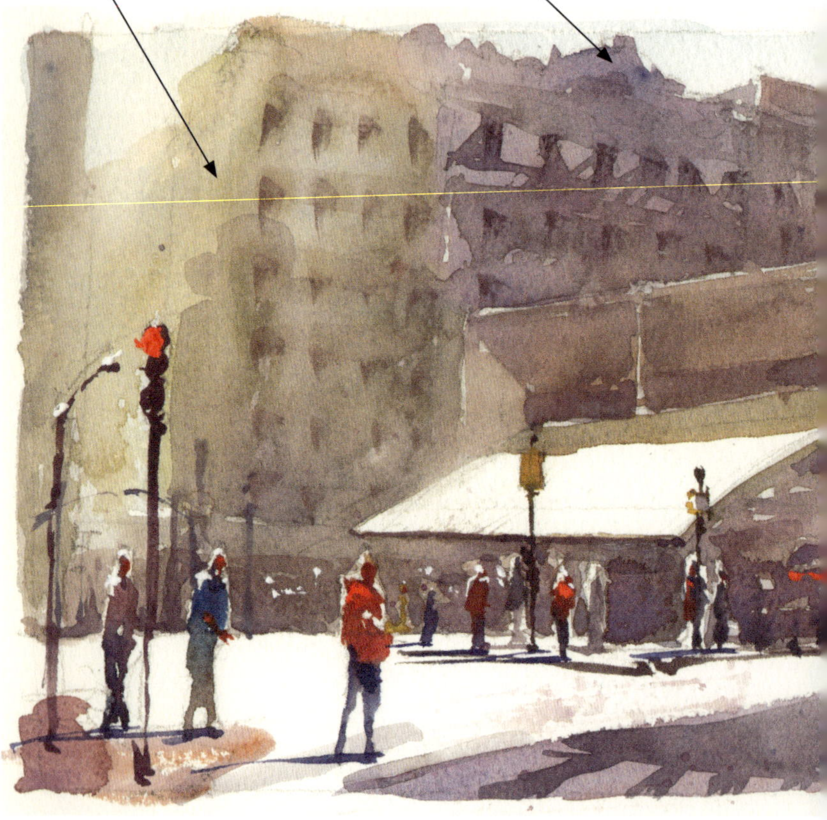

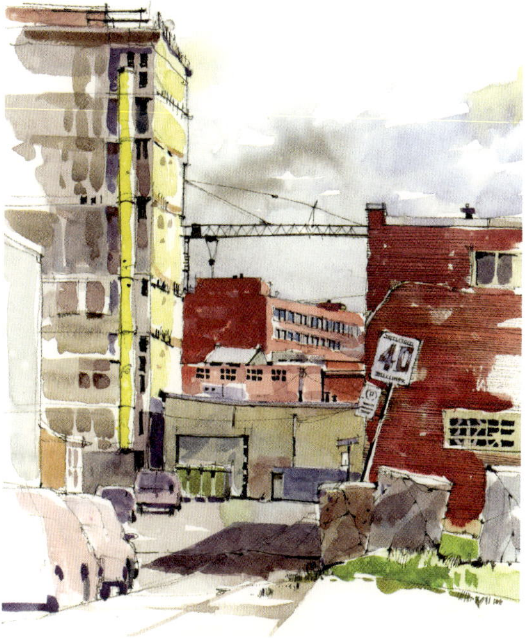

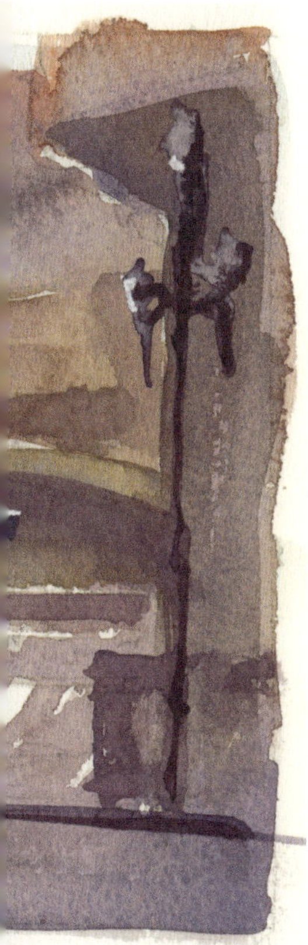

↑ Achten Sie auf die Vielfalt der Grautöne: mehr Blau am Himmel, wärmeres Grau an den Gebäuden links und in der Mitte und dunkleres Grau an den Betonblöcken im Vordergrund.

SHARI BLAUKOPF

Chatham Street

20,3 × 25,4 cm; Tuschestift und Aquarellfarben

Tipp: Ich wische meine Palette nie ganz sauber, denn wenn ich die eingetrockneten »matschigen« Farbreste in den Ecken mit Wasser anlöse, gewinne ich daraus wunderschöne Grautöne.

Spüren Sie die Atmosphäre in dieser Skizze? Die Wolken waren bleischwer, und die Luftfeuchtigkeit lag bei fast hundert Prozent, als ich die Basreliefs an einem der berühmten Khmer-Tempel in Kambodscha zeichnete.

SHARI BLAUKOPF

Der Bayon, Angkor, Kambodscha

40,6 × 20,3 cm; Tuschestift und Aquarellfarben

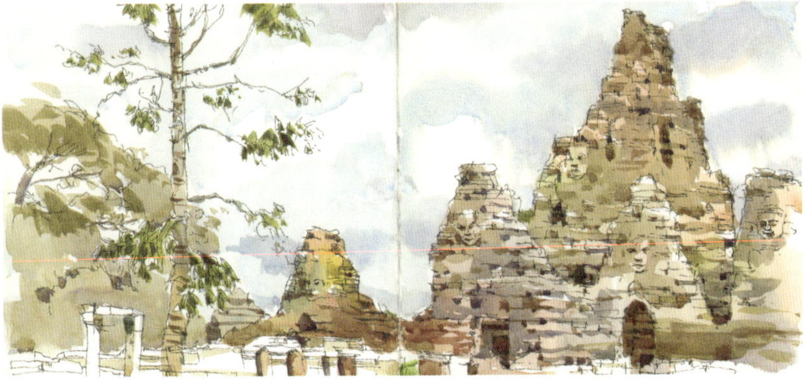

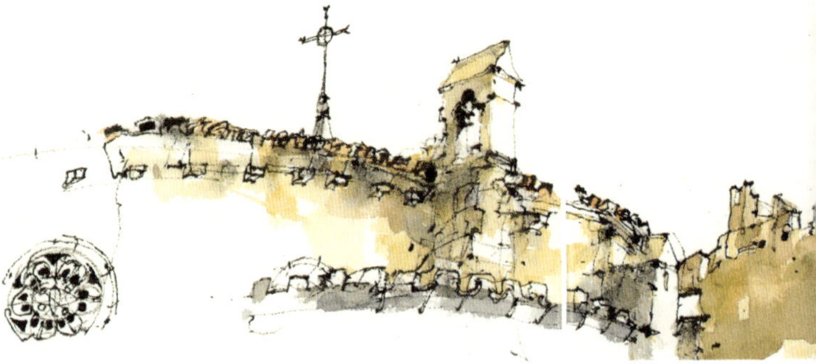

Erdtöne für Textur

Wenn ich warme Steinmauern zeichne, so wie die in Angkor, Kambodscha, bevorzuge ich Erdtöne – Siena natur, Gelber Ocker, Siena gebrannt und Umbra gebrannt. Diese granulierenden Farbtöne enthalten oft sichtbare Partikel von synthetischem Eisenoxid. Sie ahmen daher die Textur des Steins in der Skizze nach und bringen sie deutlicher hervor.

Ch'ng Kiah Kieans Tuschelinie hüpft und tanzt über die Seite. Satte, warme Farbtöne zauberte er mit Umbra natur und Braunocker, während er die Schattenbereiche an den Mauern mit Paynesgrau und Elfenbeinschwarz setzte.

CH'NG KIAH KIEAN

Cité Médiévale, Carcassonne, Frankreich

38 × 84 cm; Triptychon, Chinatusche und Aquarellfarben auf Papier

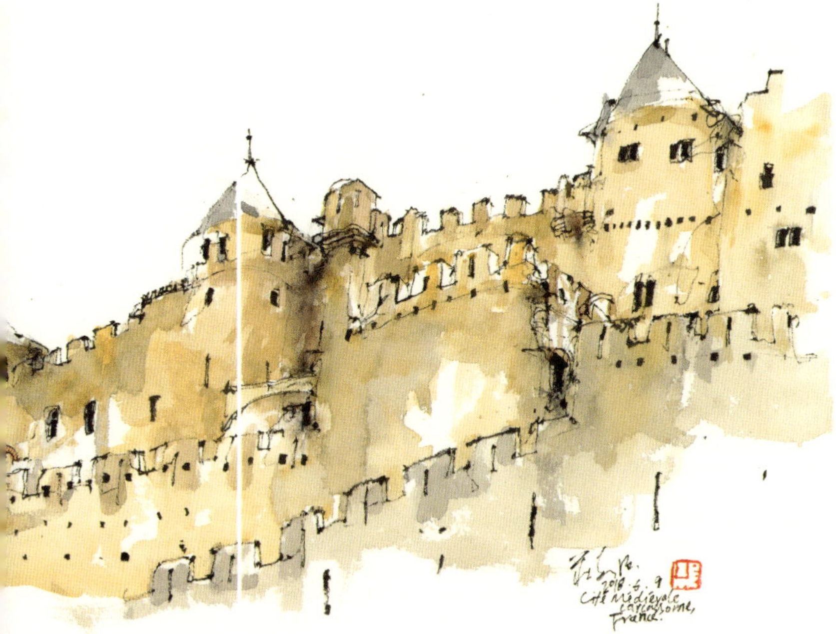

HIER IST PLATZ FÜR IHRE SKIZZE!

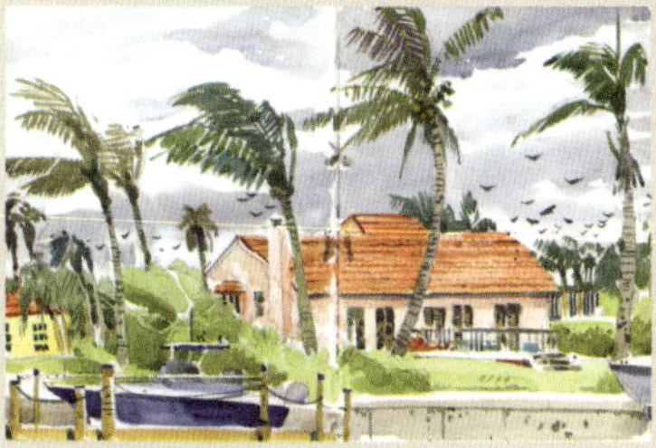

GALERIE I
STIMMUNG UND ATMOSPHÄRE

Wenn Sie sich das nächste Mal zum Zeichnen hinsetzen, widerstehen Sie dem Impuls, gleich loszulegen. Halten Sie einen Augenblick inne, um sich umzusehen: Tageszeit, Licht und Wetter sind in ständigem Wandel, und etwas davon möchten Sie festhalten. Aber nehmen Sie sich auch Zeit zu spüren. Denn Sie sind ebenso veränderlich, reagieren an einem Tag so auf eine Szene und am nächsten Tag anders.

Genauigkeit gegenüber dem, was Sie vor sich haben, ist gut, doch Sie sind mehr als ein Aufzeichnungsgerät. Sie fangen die äußere Stimmung und Atmosphäre eines bestimmten Ortes ein, gefiltert durch Ihre innere Stimmung und Atmosphäre als denkendes, fühlendes Wesen. Deswegen ist Urban Sketching so persönlich: Es verbindet Ihre Zeichenkunst mit Ihrem emotionalen Gespür.

Die Skizzen in dieser Galerie beschwören die Stimmung und die Atmosphäre spezifischer Orte und einzigartiger Zeichnerinnen und Zeichner herauf.

SHARI BLAUKOPF
Wind in Sanibel, Florida
38 × 25 cm; Aquarellfarben und Bleistift

➔ Marion Rivolier stand an einem geschützten Ort, um mit kühnen Pinselstrichen und einer sparsamen Tuschelinie rasch die Hektik der Menschen einzufangen, die Regen und Kälte zu entkommen suchten.

MARION RIVOLIER

Les Halles im Regen, Paris

13 × 41 cm; Aquarellfarben und Tuschestift in Aquarell-Skizzenbuch Moleskine

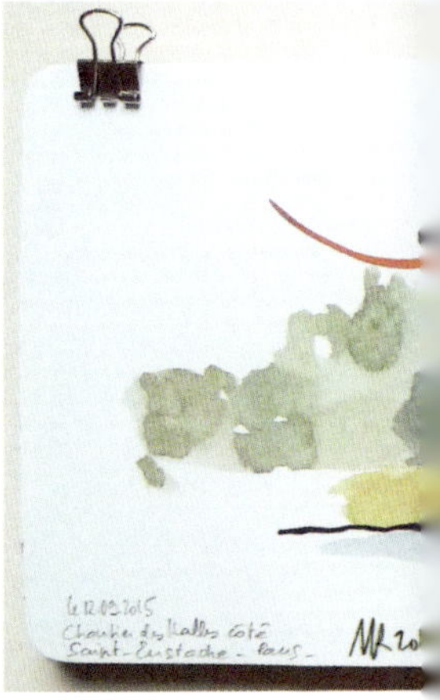

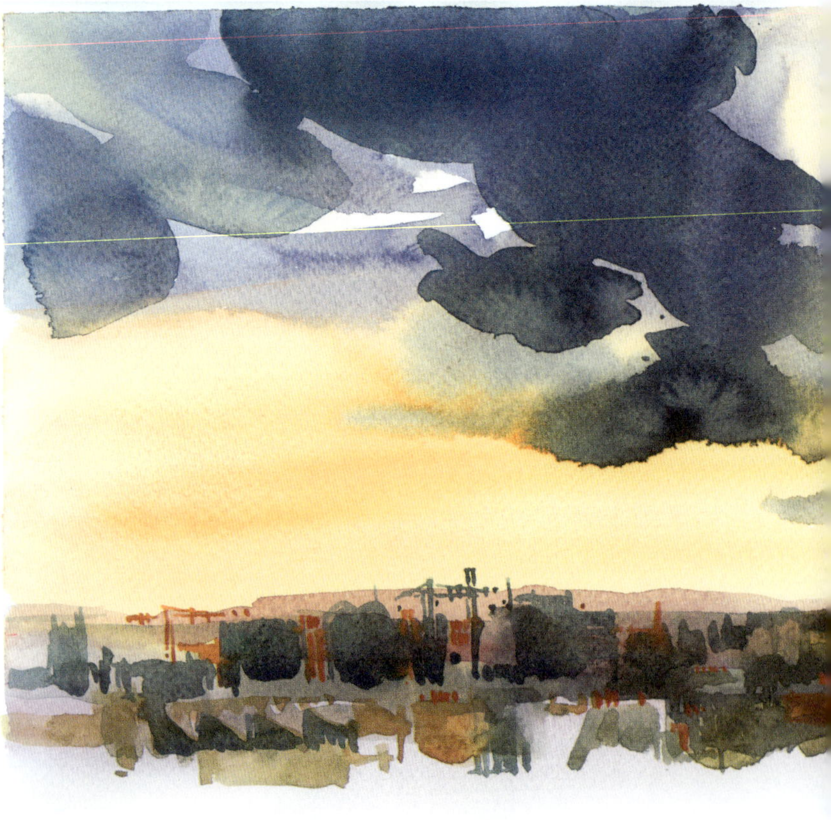

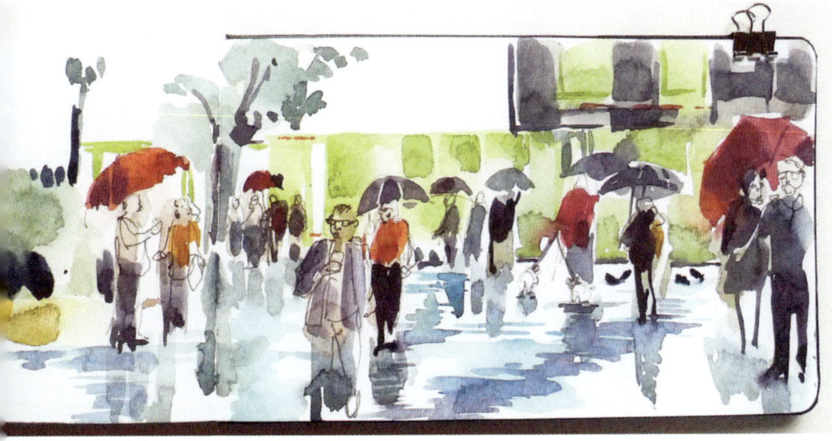

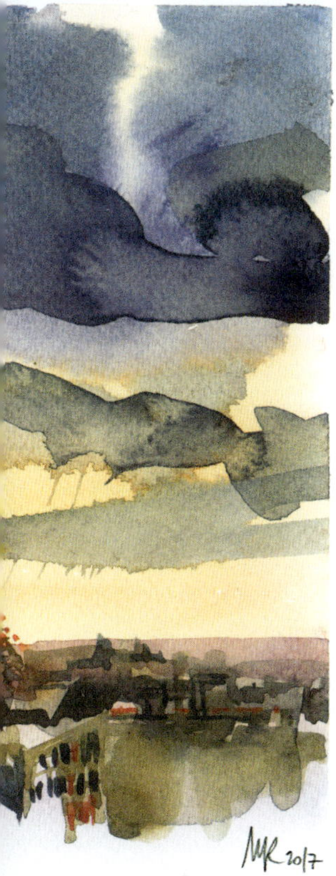

C MARION RIVOLIER

Abenddämmerung über Ménilmontant, Paris

24 × 32 cm; Aquarellfarben auf Aquarellpapier

»Ich male unglaublich gern Sonnenuntergänge, doch es ist schwierig, den flüchtigen Moment zu packen. An diesem Tag war der Himmel wunderschön, bewölkt, eine ganze Palette fantastischer Grautöne. Zuerst legte ich Orange-Gelb auf, und dann spielte ich mit Wasser und Grautönen, Blau und Indigo, um die Wolken zu malen.«

Marion Rivolier

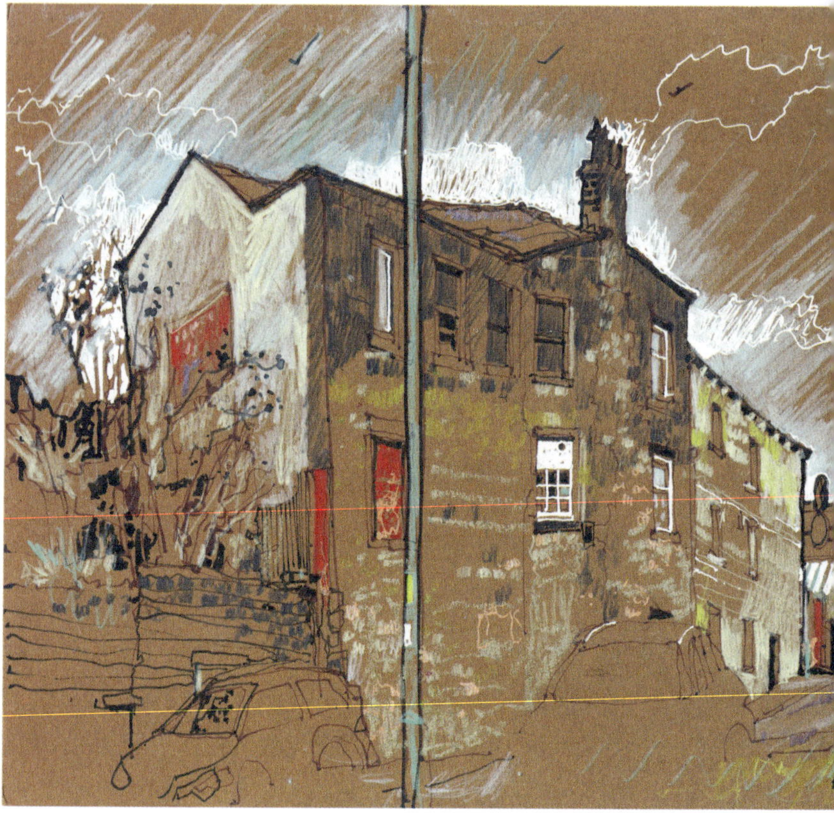

PAT SOUTHERN-PEARCE

Accrington, Lancashire

21 × 29,7 cm; Füller Duke Confucius Fude mit schwarzer Dokumententinte De Atramentis, weißer Gelschreiber Uniball Signo broad, Aquarellstifte Inktense und Caran d'Ache, ohne Wasser verwendet, Aquarell-Wachskreiden Peter Pauper, trocken eingesetzt, Kalligrafiefüller Sheaffer mit abgeschrägter Feder F für die Schrift auf dunkelbraunem 290-Gramm-Karton Seawhite of Brighton

»Ich habe Malerei studiert. Beim Zeichnen orientiere ich mich an den darunterliegenden Farben und arbeite in einem Zug über die ganze Seite. Ich habe eine Farbe in der Hand und denke: ›Wo passt die noch hin?‹, fege über die Seite und spüre es unter meiner Hand wachsen. Formen vor dem Himmel – und der Himmel selbst – begeistern mich mit ihren Farben und Bewegungen. Falls der Himmel sich verändert, höre ich sofort auf zu zeichnen und packe ein!«

Pat Southern-Pearce

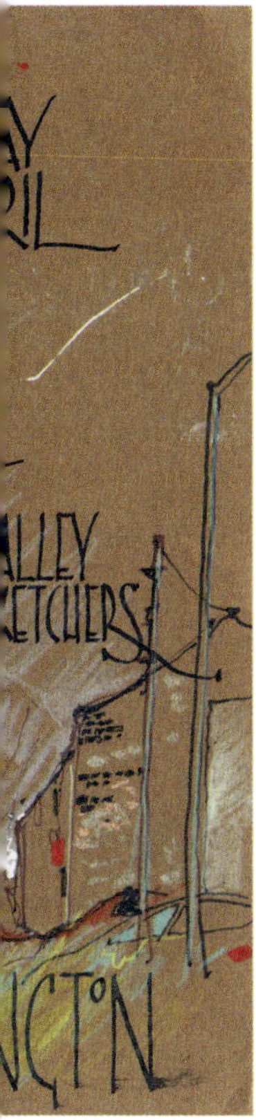

»Das ganze Glas an den Wolkenkratzern in Chicago hat mich umgehauen. An jedem Gebäude ein andersfarbiges Glas, manche mit einem Hauch Grün, andere blau, die meisten kühl, weil sie den Himmel reflektierten. Und weil ich die schattigen Seiten der Gebäude vor mir hatte, schienen kühle Farben eine gute Wahl zu sein.«

Nina Johansson

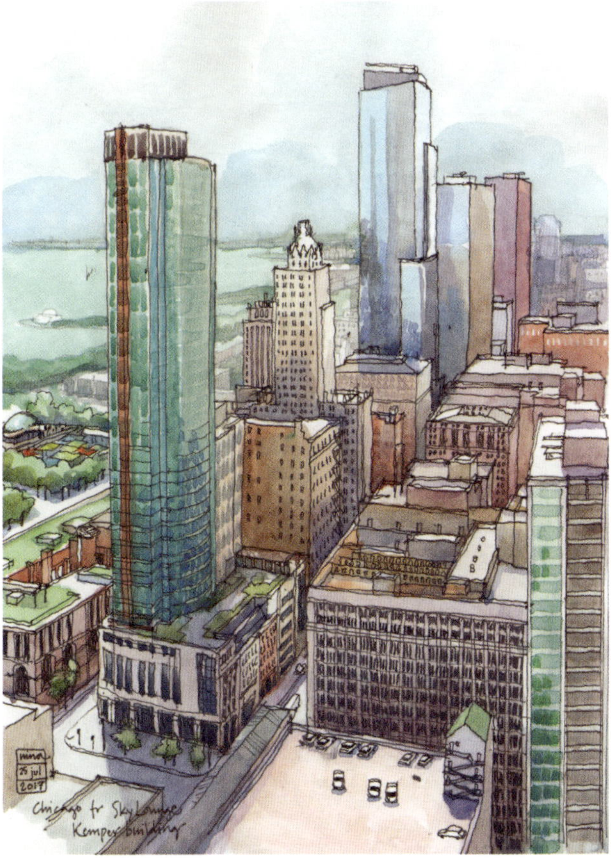

➲ NINA JOHANSSON

Blick vom Kemper Building, Chicago

20 × 29 cm; Füller mit Tinte und Aquarellfarben

DON LOW

Ein nasser Morgen in Little India, Singapur

30,4 × 45,7 cm; Aquarellfarben auf Papier, Rotmarderhaarpinsel

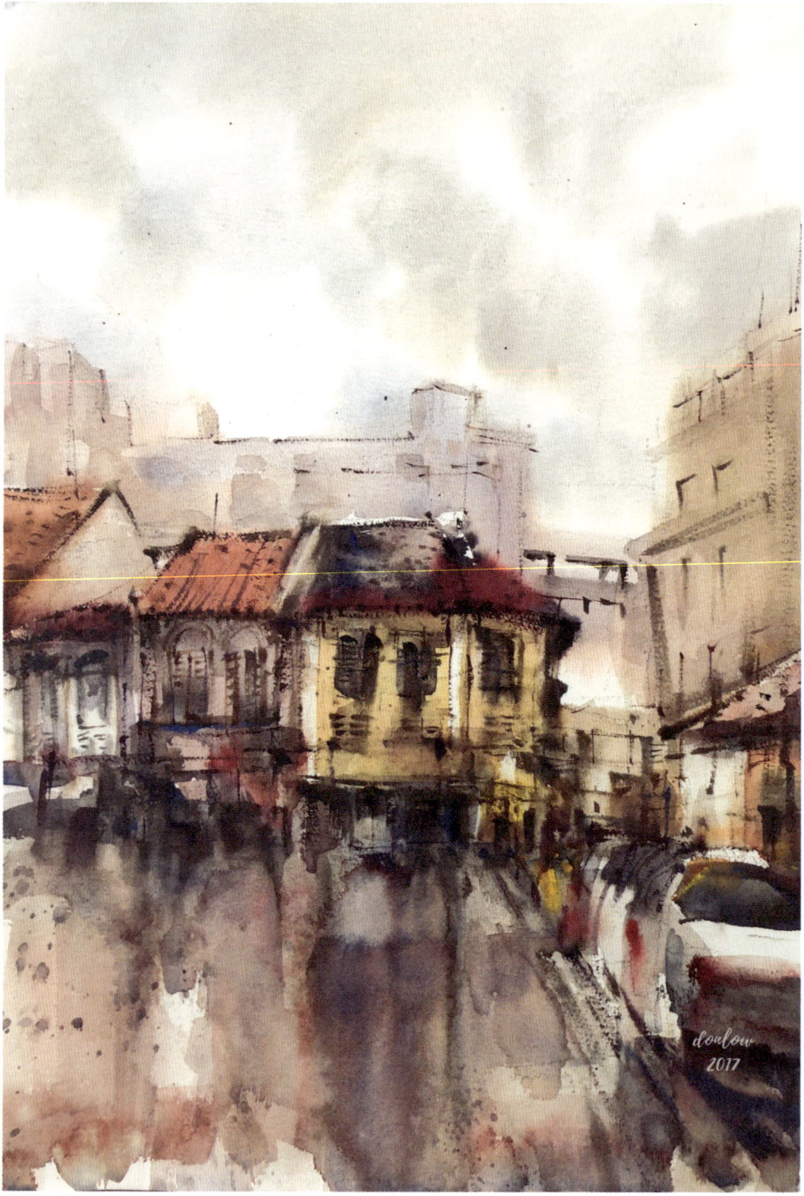

»Meine Aquarellskizze, die vor Ort in Little India entstand, basiert auf einer eingeschränkten Palette aus Kadmiumrot, Alizarinkarmesin, Siena gebrannt, Kobaltblau und Indigo mit einigen Akzenten in Kadmiumorange. Der aufklarende Himmel beleuchtet die Szene von hinten. Für die Schatten mischte ich verschiedene Braun- und Grautöne und hielt kühle und warme Grautöne zwischen Vordergrund und Hintergrund im Gleichgewicht.«

Don Low

Eine gelbe Hauswand bildet einen leuchtenden Kontrast zu den stimmungsvollen, kühlen Farben dieser atmosphärischen Skizze.

DON LOW

Ann Siang Hill, Singapur

iPad Pro, Procreate, Apple Pencil

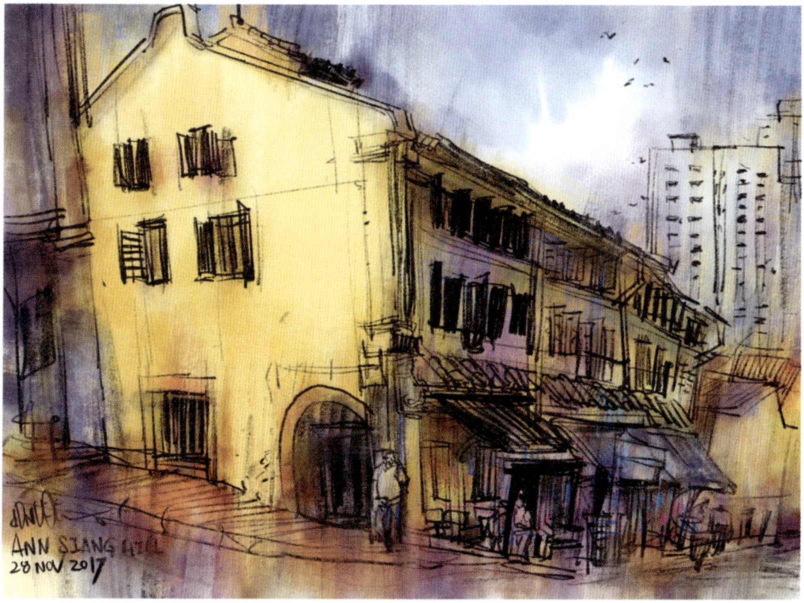

HIER IST PLATZ FÜR IHRE SKIZZE!

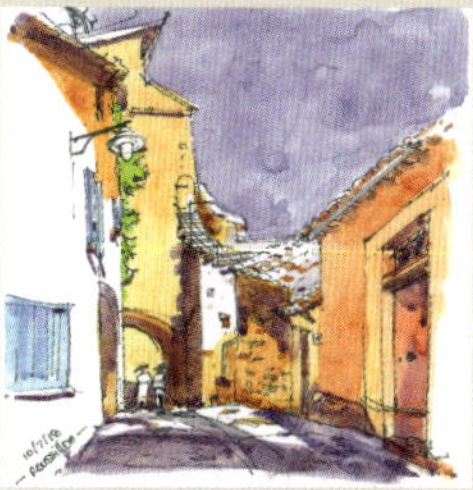

GALERIE II
LICHT UND SCHATTEN

Das Wechselspiel von Licht und Schatten einzufangen ist die beste Übung, um Ihre Zeichenkünste weiterzuentwickeln. Selbst in einer städtischen Umgebung sind Licht und Schatten so veränderlich wie der Himmel. Die Kirche, die Sie zeichnen, ist natürlich ein massives Objekt aus Stein und Glas. Doch Licht und Schatten verändern ihr Volumen, ihre Farbe und ihre Textur von einer Minute zur nächsten. Was passiert, wenn sich ein langer Schatten über Gegenstände und Flächen legt? Wie verändern sich die Tonwerte?

Manchmal geht es wirklich nur um Licht und Schatten. Das Motiv – ein Gebäude oder ein Platz – dient dann nur als Vorwand, um das Spiel von schrägen Schatten und dem Lichteinfall der tiefstehenden Sonne einzufangen.

Licht und Schatten zeichnen Sie am besten am frühen Morgen oder am späten Nachmittag, wenn das Licht am wärmsten ist und der Schattenwurf äußerst dramatisch. Sollen Schatten ein entscheidendes Element meiner Skizze sein, ziehe ich zu Beginn zarte Bleistiftlinien, um ihre Position anzudeuten. So ist, selbst wenn das Licht sich verändert – und das wird es unweigerlich –, die Position meiner Schatten fixiert und das Licht in der ganzen Skizze stimmig.

ROOI PING LIM

Gässchen im Roussillon

20,3 × 20,3 cm; Tuschestift und Aquarellfarben

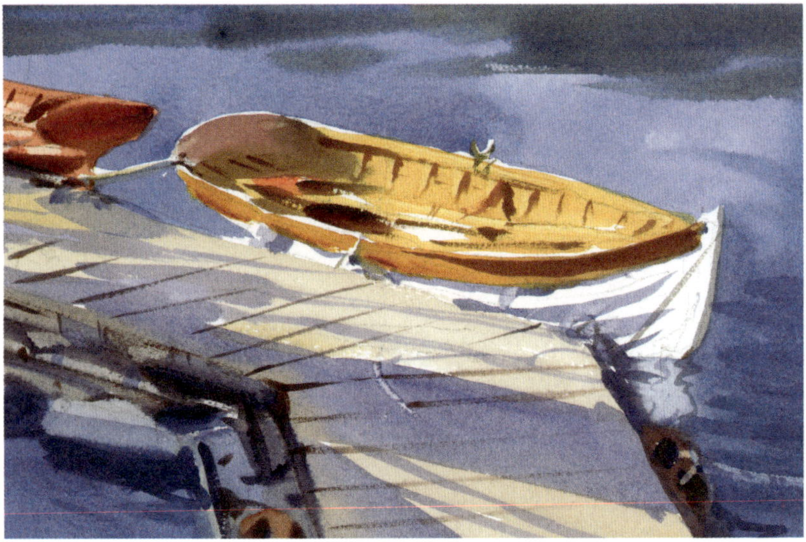

MIKE KOWALSKI
Kleines Boot, Port Townsend, Washington
20,3 × 25,4 cm; Aquarellfarben auf Papier Fabriano

»Für Lilatöne mische ich fast immer Kobaltblau mit Quinacridon Rosa und dämpfe es ein wenig mit Quinacridon Gold oder Siena natur.«
Mike Kowalski

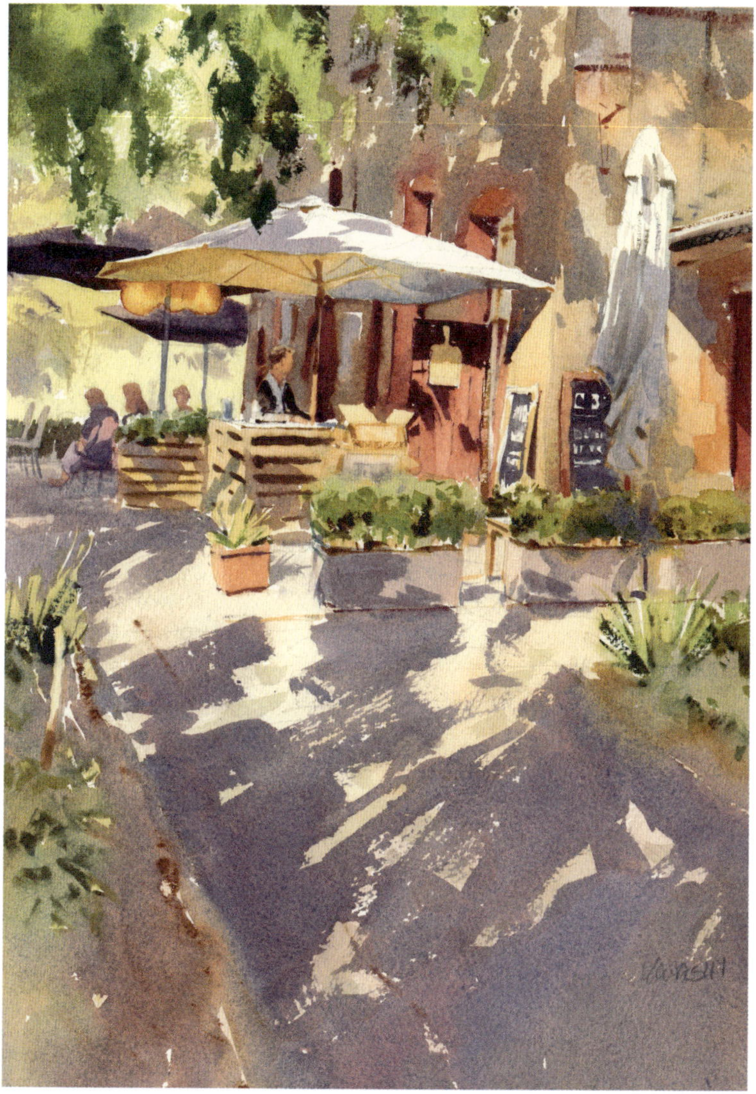

Schatten können das Hauptmotiv einer Skizze sein. Die flinken Pinselstriche zeigen ein starkes Schattenmuster, das den Blick über den Boden zum Zentrum von Mike Kowalskis außergewöhnlicher Café-Skizze lenkt.

MIKE KOWALSKI

Das Café hat geöffnet, Abbotsford, Australien

25,4 × 40,6 cm; Aquarellfarben auf Aquarellpapier Saunders

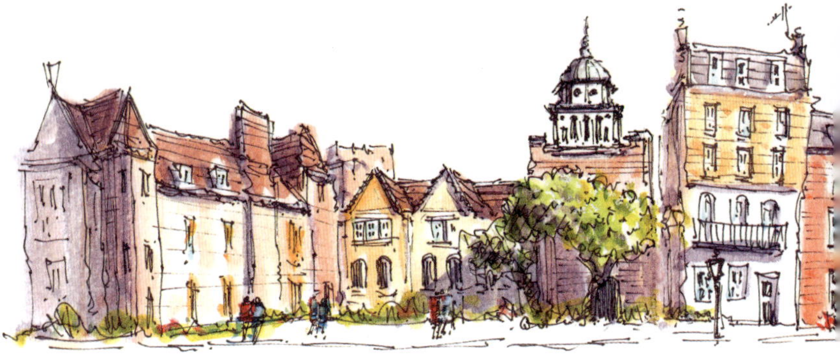

»Meine Farbauswahl ist vollkommen abhängig von der Stimmung des Lichts in der Szene. Bei der Planung meiner Bilder lasse ich mich von Tonwerten und Kontrasten leiten und denke eher über die Farbtemperatur nach (warm oder kühl) als über spezielle Farben.«
Renato Palmuti

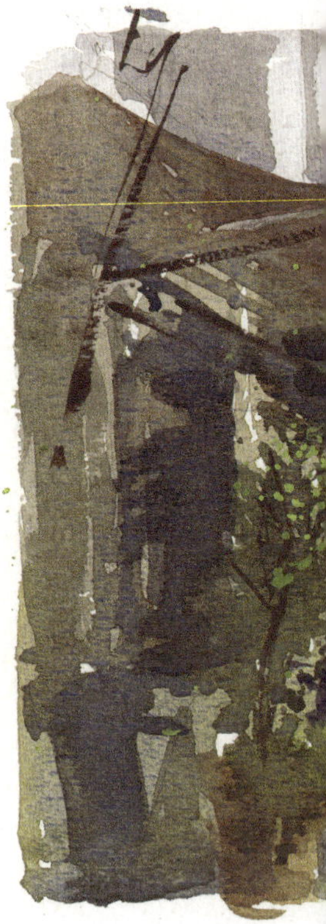

➲ RENATO PALMUTI

Bairro de Pinheiros, São Paulo

18,5 × 28,5 cm; Aquarellfarben auf strukturiertem Zellulosepapier

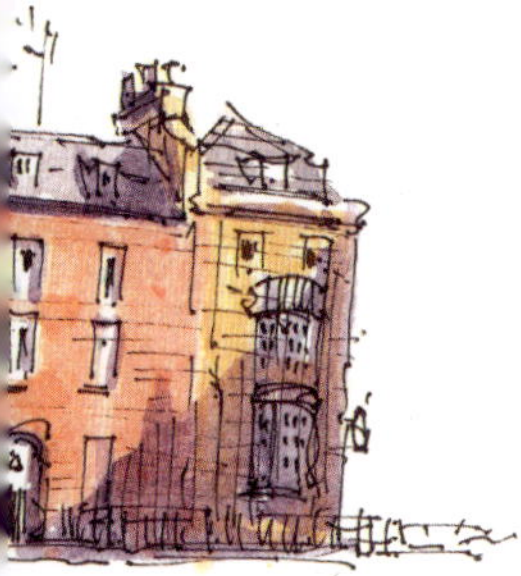

◖ Die kühle Farbe der Schatten bildet einen starken Kontrast zu den warmen Farbtönen der Gebäude in dieser lebendigen Häuserreihe.

TONY UNDERHILL

Charterhouse Square, London

41 × 13 cm; Permanentmarker Sharpie Ultra Fine, Wasserpinsel und Aquarellfarben in Aquarell-Skizzenbuch Moleskine

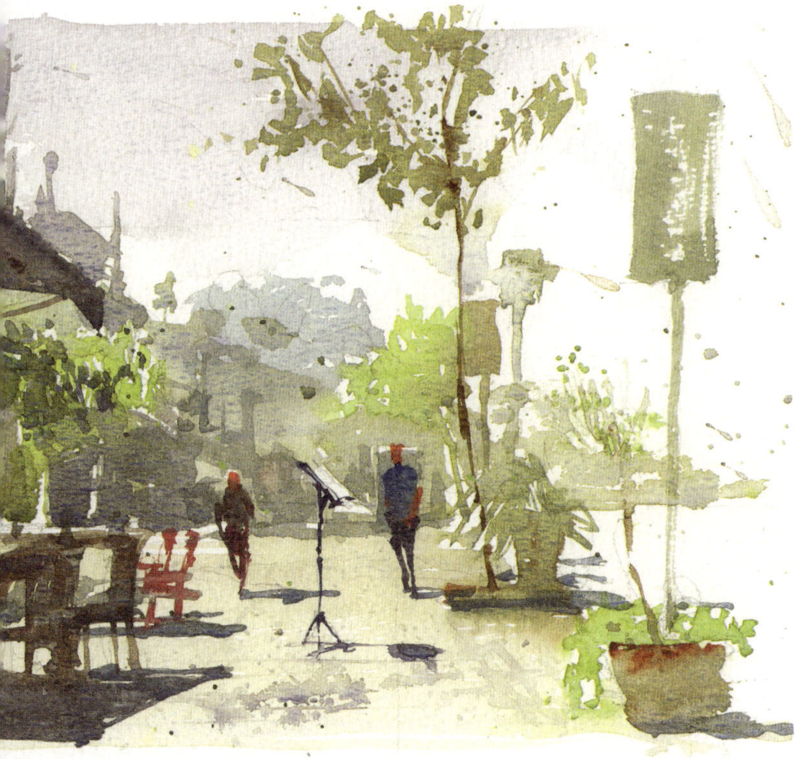

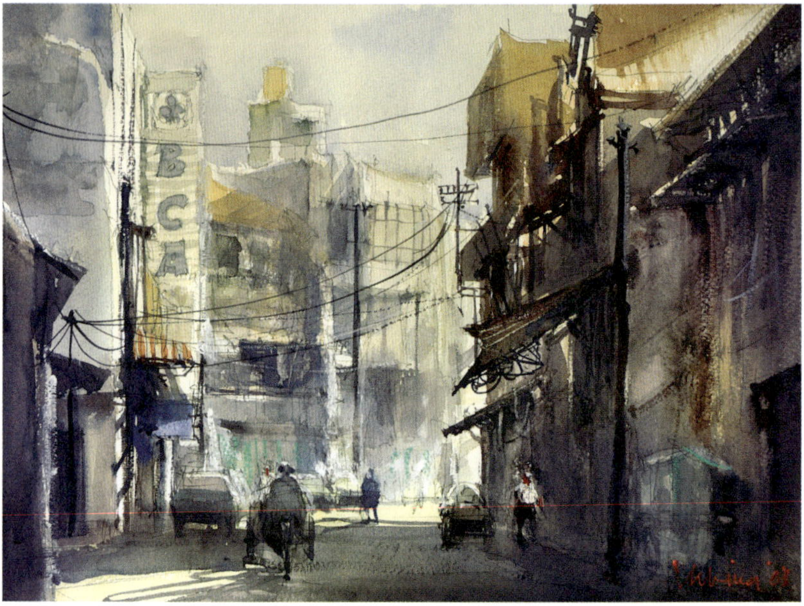

LK BING

Sinfonie aus Licht und Schatten

31 × 41 cm; Aquarellfarben auf Papier

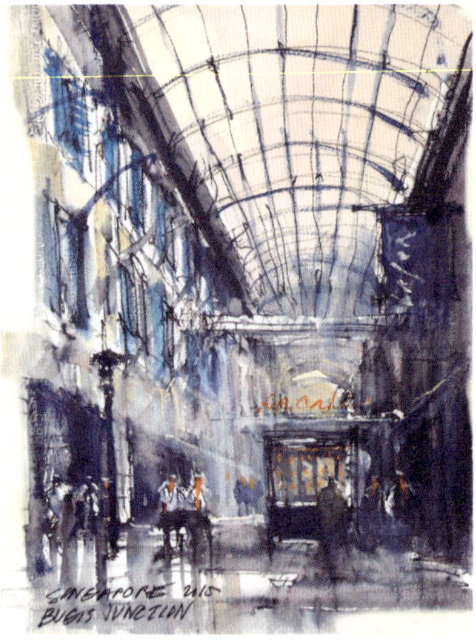

LK BING

Dramatische Beleuchtung der Galerie

21 × 30 cm; Aquarellfarben, Pastellkreiden, wasserlöslicher Marker auf Papier

»Eine Skizze hat größeren emotionalen und künstlerischen Wert, wenn es uns gelingt, ihr eine dramatische Stimmung oder Atmosphäre zu geben. Durch den klugen Einsatz von Licht und Schatten können wir auch ein Bewusstsein für die heitere und dramatische Schönheit von Licht und Dunkel schaffen.«

LK Bing

Dem Zauber der atmosphärischen Aquarelle von LK Bing kann man sich kaum entziehen. Meisterlich spielt er mit dramatischem Licht und Schatten, um Tiefe zu erzeugen. Haben Sie nicht auch das Gefühl, mitten in eine seiner Szenen hineinspazieren zu können?

LK BING

Traditioneller Markt am Morgen, Songoyudan, Surabaya, Indonesien

31 × 41 cm; Aquarellfarben auf Papier

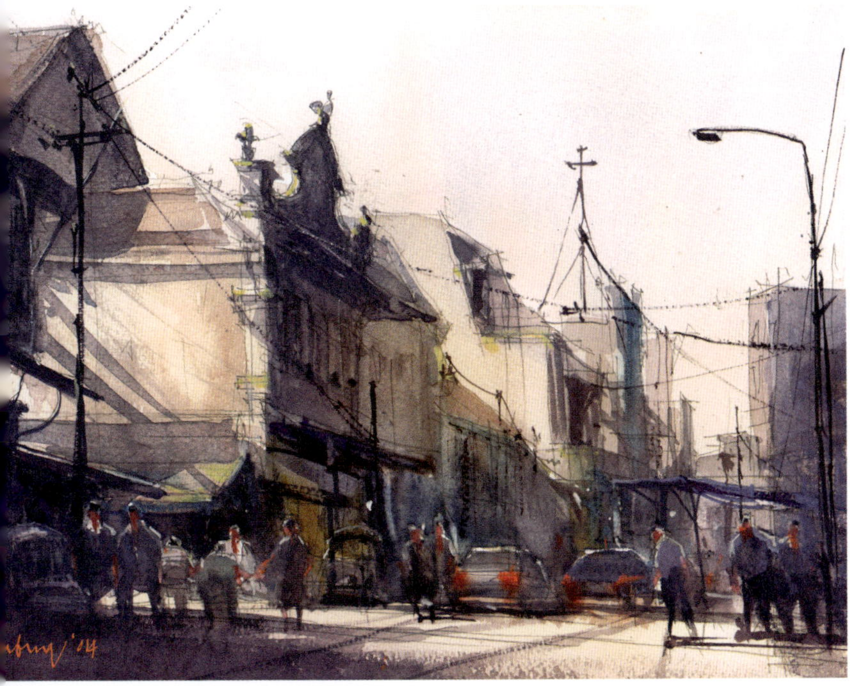

HIER IST PLATZ FÜR IHRE SKIZZE!

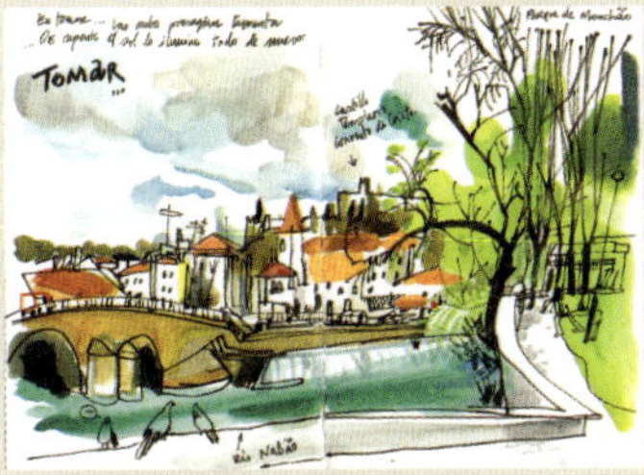

GALERIE III
AUSDRUCKSSTARKE FARBEN

Reine Farben haben eine unmittelbare, fast körperliche Ausdruckskraft, eine ganz eigene, von dem skizzierten Gegenstand unabhängige emotionale Ladung. Deswegen fügen manche Zeichner ein wenig Rot hinzu, wo kein Rot ist, oder einen Klecks strahlendes Türkis. Diese Farben mögen die Szene nicht realistisch wiedergeben, doch in dem Fall verwenden sie Farben expressiv und mit Bedacht, um in den Betrachtern ein Gefühl auszulösen oder um eine Aussage zu treffen.

Expressive Farben werden oft sehr bewusst eingesetzt. Selbst wenn die Farbe tatsächlich in der Szene vorkommt, dreht die Künstlerin die Lautstärke oder den Klang hoch, um den Blick zu lenken oder Spannung zu erzeugen. Wie wir in der vorherigen Galerie gesehen haben, kann expressive Farbe so aufdringlich sein, dass sie zum Thema einer Skizze wird.

IMMA SERRANO

Park Mouchão, Tomar, Portugal

21 × 29 cm; Brush Pen Pentel, Kalligrafiefüller Sailor mit schwarzer Dokumententinte De Atramentis, Color Sheets Viviva in Aquarell-Skizzenbuch Laloran

Folgen Sie Ihrem ganz persönlichen Farbgefühl
Es ist faszinierend, zusammen mit anderen Zeichnern dasselbe Motiv zu skizzieren. Wenn wir nachher unsere Bilder vergleichen, sieht jedes vollkommen anders aus! Wir haben in dieselbe Richtung geschaut und zur selben Tageszeit bei identischen Wetterverhältnissen gezeichnet. Und doch haben wir Farben sehr individuell gesehen und zum Ausdruck gebracht. So lassen wir unsere unterschiedlichen Persönlichkeiten in unsere Arbeit einfließen.

»Ich habe keine klar definierte Farbpalette, doch im Laufe der Jahre ist mir aufgefallen, dass ich eine Tendenz zu bestimmten Farbtönen habe. Nur die Farbintensität verändert sich, denn sie reflektiert die Intensität des Lichts, die abhängig ist vom Breitengrad.«
A. Rmyth

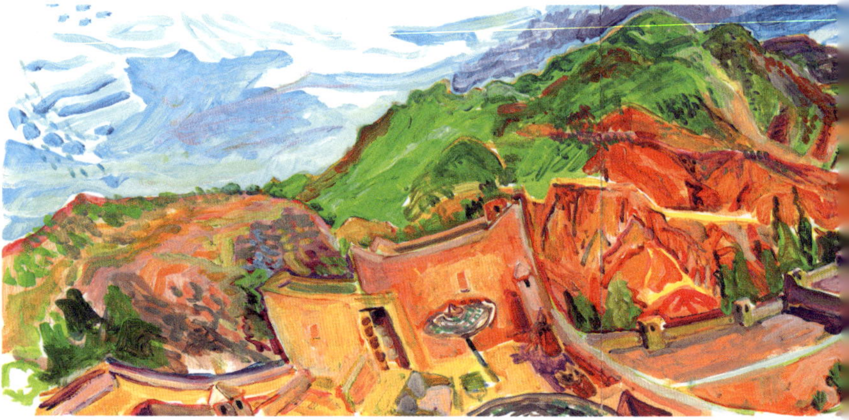

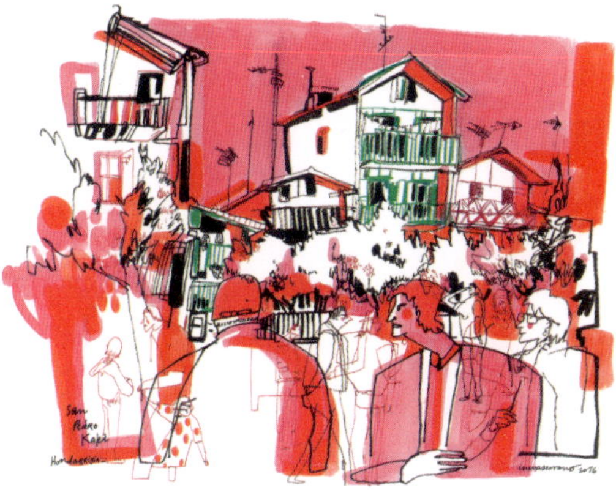

Ignorieren Sie die Farben, die Sie sehen, und verwenden Sie Ihre eigenen. Inma Serrano hat knallige Pink- und Rottöne sehr strategisch eingesetzt – selbst an überraschenden Stellen wie am Himmel. Indem sie die Größe dieser »skrupellosen« Farben variiert, kreiert sie ein Muster, das über die Skizze tanzt.

INMA SERRANO

San Paedro Kalea, Hondarribia, Gipuzkoa, Spanien

29 × 42 cm; flüssige Aquarellfarben, Füller, Buntstifte auf Mixed-Media-Papier

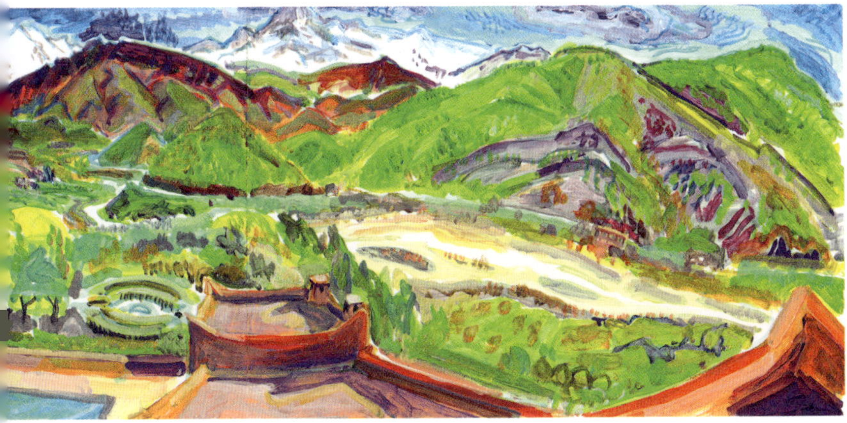

Auf einem Hoteldach in Marrakesch gemalt, beschwören A. Rmyths kühne Pinselstriche und seine stark gesättigten Acrylfarben ein pulsierendes Panorama des Atlasgebirges herauf.

A. RMYTH

Blick vom Dach, Kasbah Bab Ourika, Marokko

29,7 × 126 cm; Acrylfarben

»Leuchtende Farben sind wie kräftige Gewürze. Verwenden Sie sie sparsam, um Akzente zu setzen und etwas zu betonen.«
Paul Wang

PAUL WANG
Altes blaues Haus in Vientiane, Laos
21 × 30 cm; Aquarellfarben und Bleistift auf satiniertem Aquarellpapier

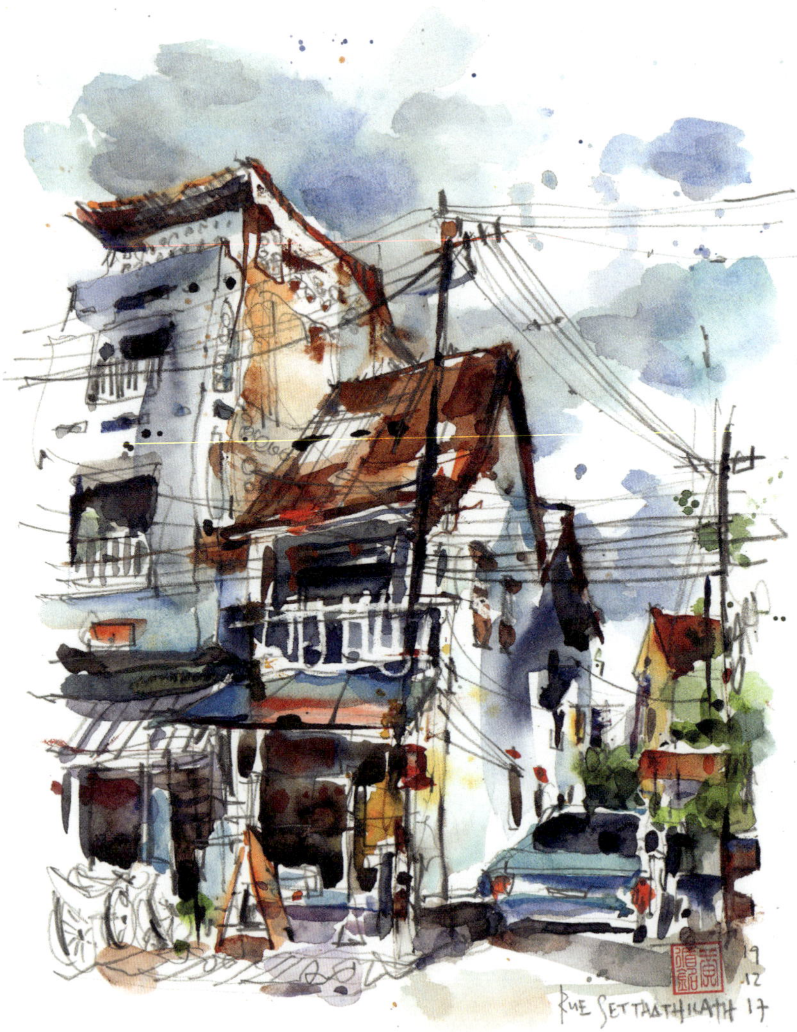

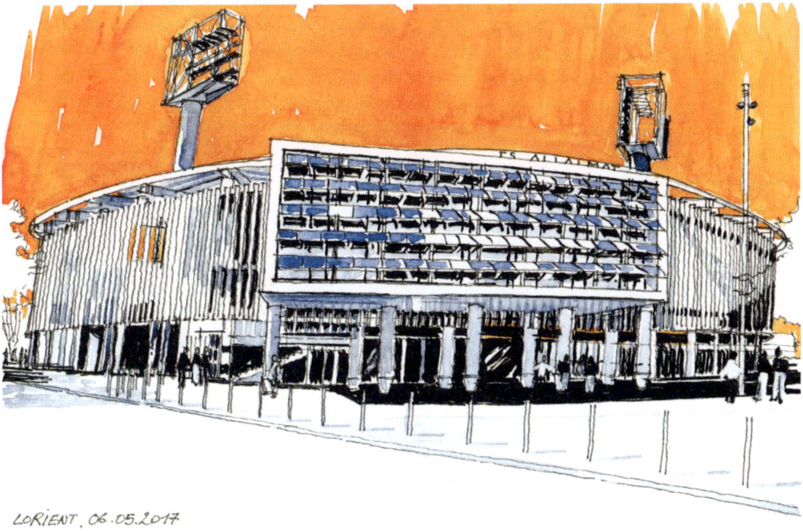

GÉRARD DARRIS

Stade du Moustoir, Lorient, Frankreich

30 × 21 cm; Pigment Liner Staedtler, Brush Pen Pentel, Gouache (blau), Aquarellfarbe (orange)

»Heute Abend hat die Fußballmannschaft von Lorient gespielt, die den Spitznamen ›die Seehechte‹ trägt (Lorient ist ein wichtiger Fischereihafen!). Die Trikots der Mannschaft sind orange. Ich beschloss, dieses dramatische Ereignis mit einem orangefarbenen Himmel zu würdigen.«

Gérard Darris

HIER IST PLATZ FÜR IHRE SKIZZE!

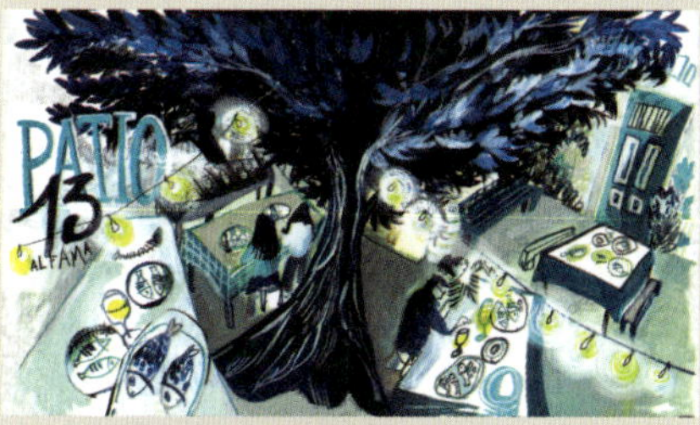

GALERIE IV
ANDERE MEDIEN

Tuschestifte, Bleistift und Aquarellfarben sind aus gutem Grund die Lieblingswerkzeuge der Urban Sketchers. Sie sind leicht, gut zu transportieren, und sie trocknen schnell. Doch ich finde, Sie sollten unbedingt auch mit Markern, Gouache, Buntstiften oder Pastellkreiden experimentieren. Zeichnen Sie auf getöntem Papier oder Zeitungspapier. Leihen Sie sich ein iPad aus und versuchen Sie, mit einem Pencil zu zeichnen.

Mit Sicherheit empfinden Sie augenblicklich Unbehagen und vielleicht sogar Widerstand. Bleiben Sie trotzdem dabei. Denn sobald Sie Ihre Komfortzone verlassen, fallen alte Gewohnheiten ab, die Sinne werden wacher, und Sie sehen die Welt mit neuen Augen. Das kann äußerst befreiend sein.

Das eine oder andere gelingt vielleicht nicht auf Anhieb – oder Sie tauchen in das neue Medium ein wie eine Ente ins Wasser! So oder so, Sie haben die Bandbreite Ihrer kreativen Ausdrucksmöglichkeiten erweitert, etwas Wichtiges über sich selbst gelernt und darüber, wie Sie die Welt sehen. Und wenn Sie das nächste Mal zu Ihren gewohnten Zeichenwerkzeugen greifen, merken Sie vielleicht, dass Sie besser geworden sind.

MARU GODÀS
Sardinen im Patio 13, Alfama, Lissabon
42,5 × 24,5 cm; Gouache und Acryltuschen

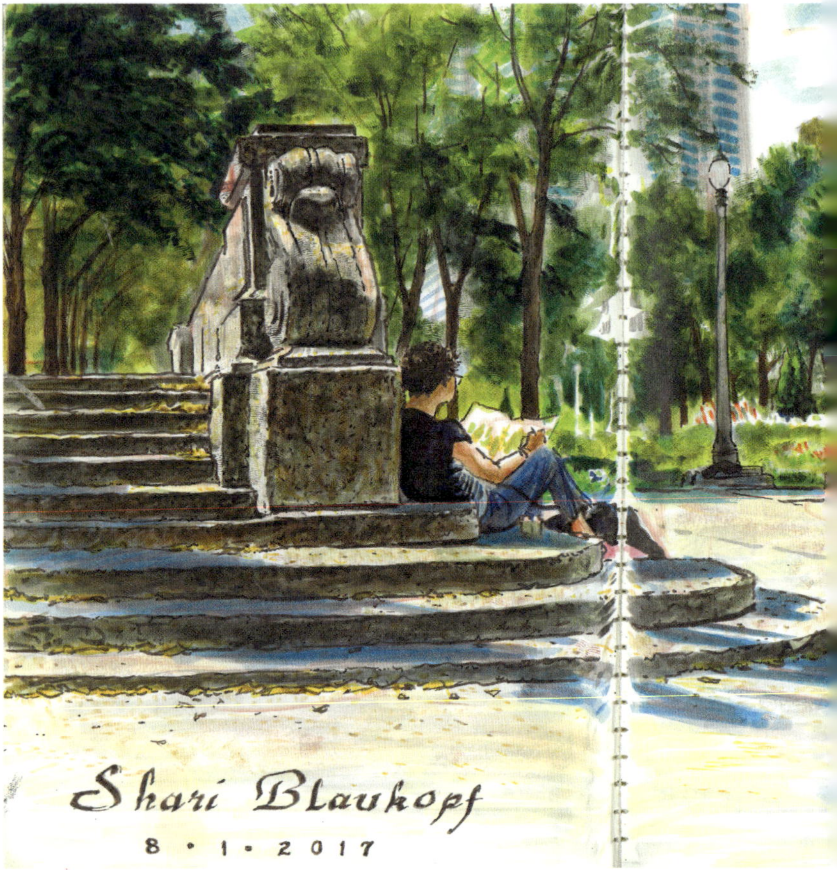

»Mein Papier hat so viel Leimung, dass die pigmentierten Zeichentuschen der Pitt Artist Pens (die nach dem Trocknen wasserfest sind) nicht sofort aufgesogen werden. Es bleibt nicht viel Zeit, um sie zu verschmieren oder die Spuren abzuklatschen, was die Konturen aufweicht und die Tonwerte aufhellt. Ich wische, schmiere und beklopfe die Pigmente auf dem Papier mit den Fingern oder nehme Farbe von der Pinselspitze ab und bearbeite dann die Seite. So entsteht eine Vielzahl von Spuren und Texturen.«

Donald O. Colley

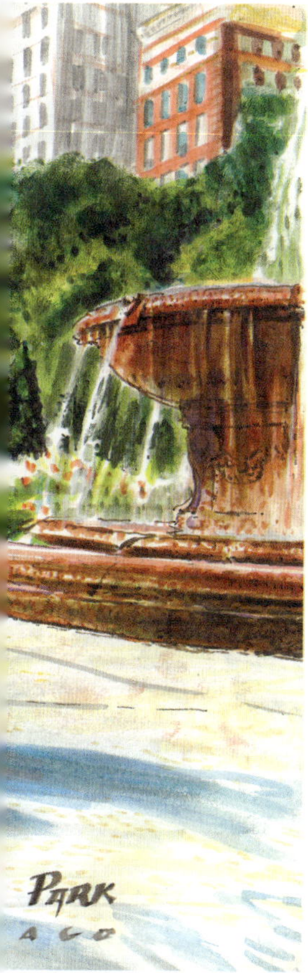

Es war aufregend, Don Colley dabei zuzusehen, wie er mit Pitt Artist Pens zaubert (nachdem er mich gezeichnet hatte!). Er bearbeitet die feuchten Pigmente aus seinen Stiften wie ein Aquarellmaler seine Farben und verteilt sie mit den Fingern, während sie trocknen. Auf seinen Skizzen können Sie Dutzende von Fingerabdrücken entdecken.

DONALD O. COLLEY

Shari Blaukopf, Grant Park, Chicago

26 × 38 cm; PITT Artist Pen Faber-Castell auf Papier Tomoe River Seven Seas

DONALD O. COLLEY

Gary Bain

17,7 × 26 cm; PITT Artist Pen Faber-Castell auf Papier Tomoe River Seven Seas

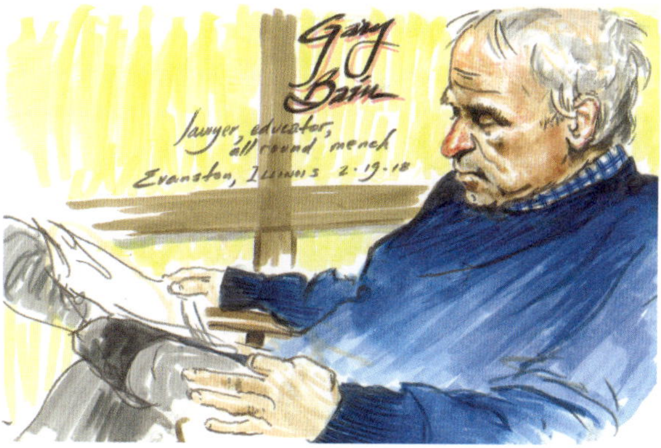

Wenn Sie Ihre Skizzen normalerweise mit Aquarellfarben kolorieren, versuchen Sie es einmal mit Gouache. Mit viel Wasser ist Gouache so transparent wie Aquarell. Doch unverdünnt ist sie opak, und sie können von Dunkel nach Hell arbeiten. Sie müssen also das Weiß des Papiers nicht – wie bei Aquarellfarben – freihalten. Maru Godàs aus Barcelona kombiniert für ihre fröhlichen Skizzen Gouache mit Buntstiften.

MARU GODÀS

Mercat de Sants (Markt in Sants), Barcelona

42,5 × 24,5 cm; Gouache, Buntstifte, Mixed-Media-Technik

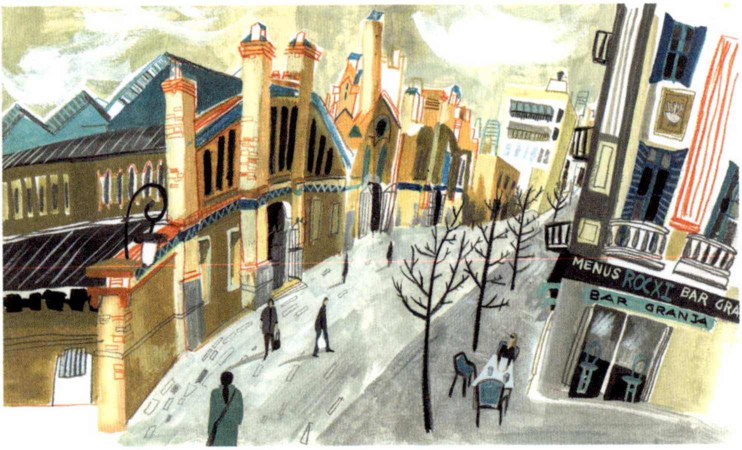

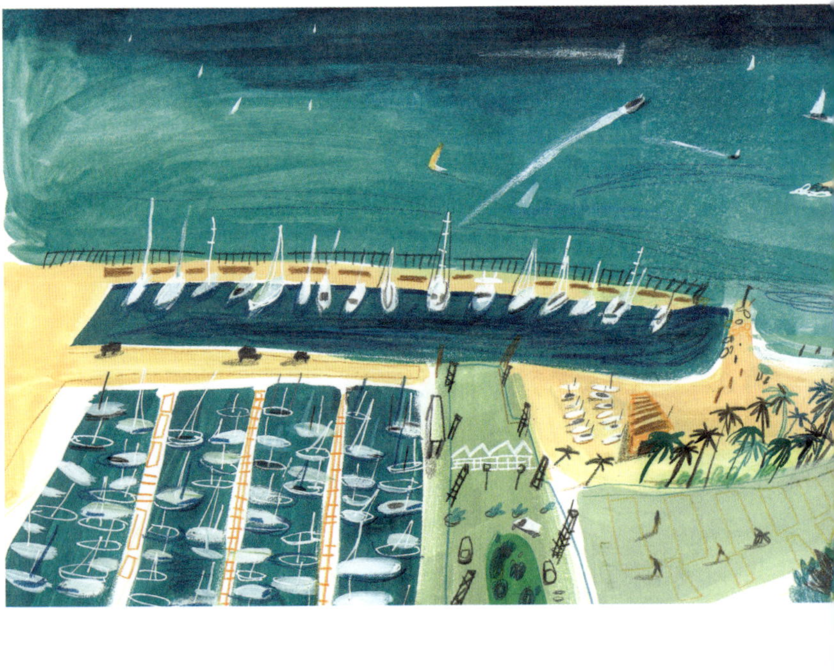

»Ich liebe Gouache, für mich ist sie das ideale Medium zur Darstellung einer städtischen Umgebung. Gouache kann hart und rau sein wie eine Fabrikmauer oder leuchtend und fröhlich wie ein Tisch voller Obst. Gouache hat zwei Seiten – süß und grafisch oder wild und bildhaft.«

Maru Godàs

MARU GODÀS

Die Küste von Barcelona vom Torre Mapfre, 20. Stockwerk

72,5 × 25 cm; Gouache, Buntstifte, Mixed-Media-Technik

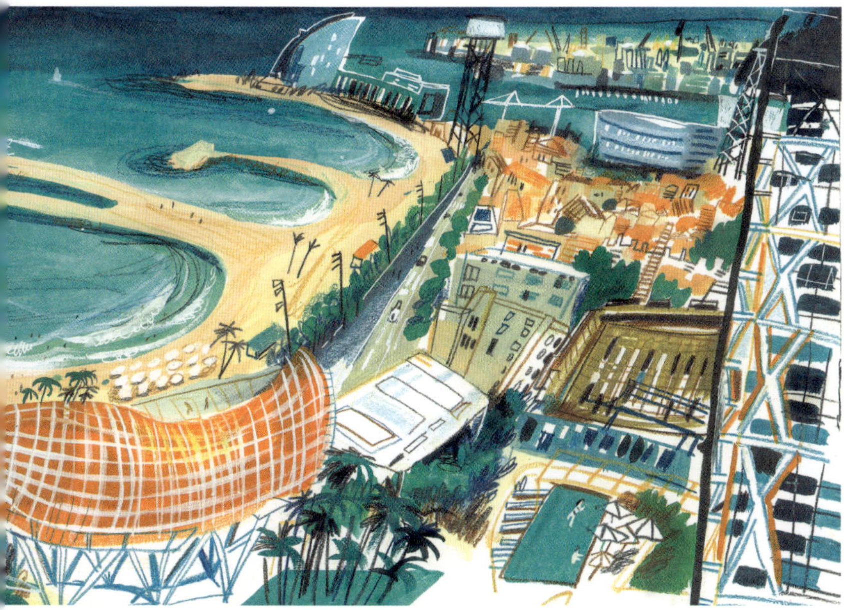

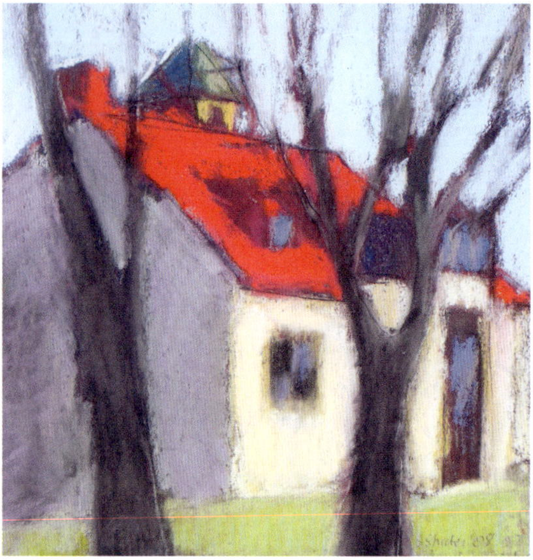

Die Schönheit von Pastellkreiden liegt für Susanne Strater darin, dass sie das, was sie vorher gemalt hat, überarbeiten und umfassende Veränderungen oder kleine Anpassungen vornehmen kann, ohne darauf warten zu müssen, dass die Farben trocknen.

SUSANNE STRATER

Rotes Dach

22,8 × 22,8 cm; Pastellkreiden auf Pastellpapier Mi-Teintes Canson

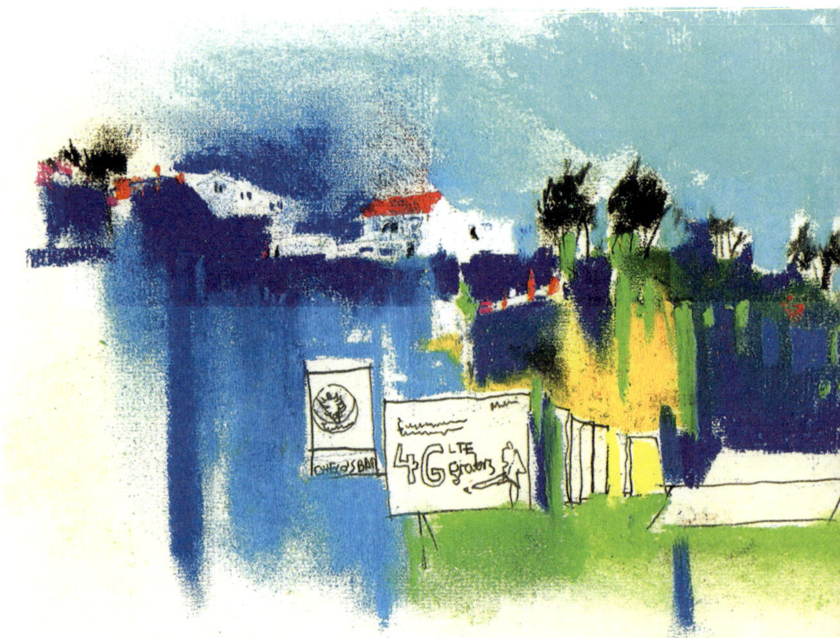

»Ich habe mir die Kraft und Ausdrucksstärke des Pastellmediums zunutze gemacht, indem ich die Farben nicht als Verlängerung der realen Farben der ländlichen Szene verwendet habe, sondern als eine Möglichkeit, die allgemeine Atmosphäre und ein Gefühl für den Ort einzufangen. Kühne und furchtlose Striche unterstützen das. Pastellkreiden bieten großartige Kontraste, sie strahlen, und die Farben vibrieren – ganz zu schweigen von dem 3-D-Effekt durch ihre reiche Textur.«

William Cordero Hidalgo

WILLIAM CORDERO HIDALGO

Juan Viñas, Cartago, Costa Rica

15,2 × 44 cm; Tuschestift und Pastellkreiden

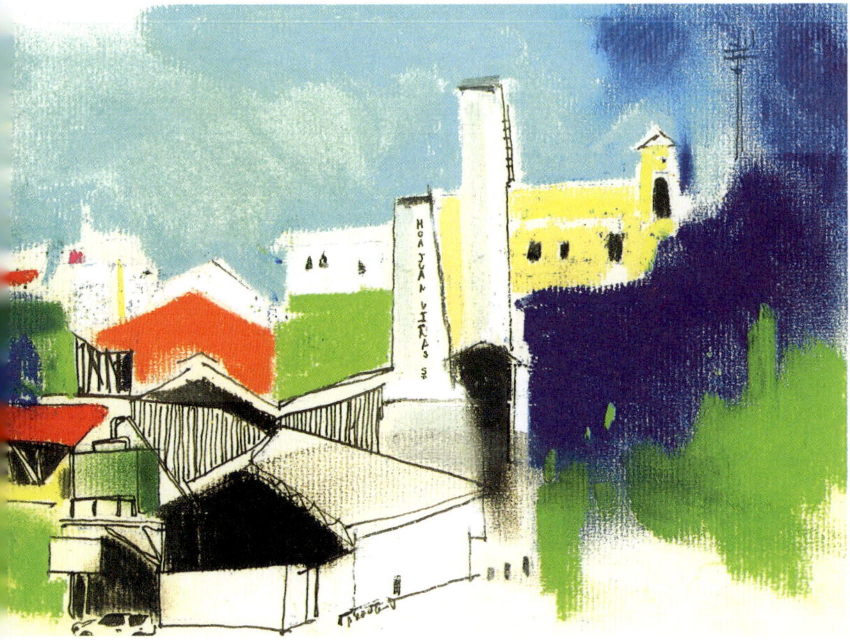

»Mit einem iPad zu arbeiten ist Malen mit Licht und Pixeln, was mir erlaubt, reine Farben zu schichten, ohne dass es matschig wird, was bei traditionellen Medien schon mal passiert. Nachdem ich mit einem groben ›juicy pen‹ meine Linien gezogen hatte, setzte ich mit einigen ›Aquarellpinseln‹ großzügig Hintergrundfarben, bevor ich da, wo die Farben krachen sollten, die Opazität erhöhte.«

Rob Sketcherman

Mir ist jeder Vorwand recht, neue Werkzeuge auszuprobieren. Rob Sketcherman griff zum iPad, weil seine Wohnung in Hongkong zu klein war, um irgendwelche Künstlermaterialien zu verwahren, und jetzt arbeitet er nur noch damit. Manchmal muss ich zweimal hingucken, wenn ich seine Arbeiten im Netz sehe. Digitale Zeichenwerkzeuge sind inzwischen so komplex, dass es schwer zu sagen ist, ob eine Skizze auf Papier oder auf einem Tablet entstanden ist.

ROB SKETCHERMAN

Bunte Ecke in Little India, Singapur

iPad Pro, Procreate, Apple Pencil

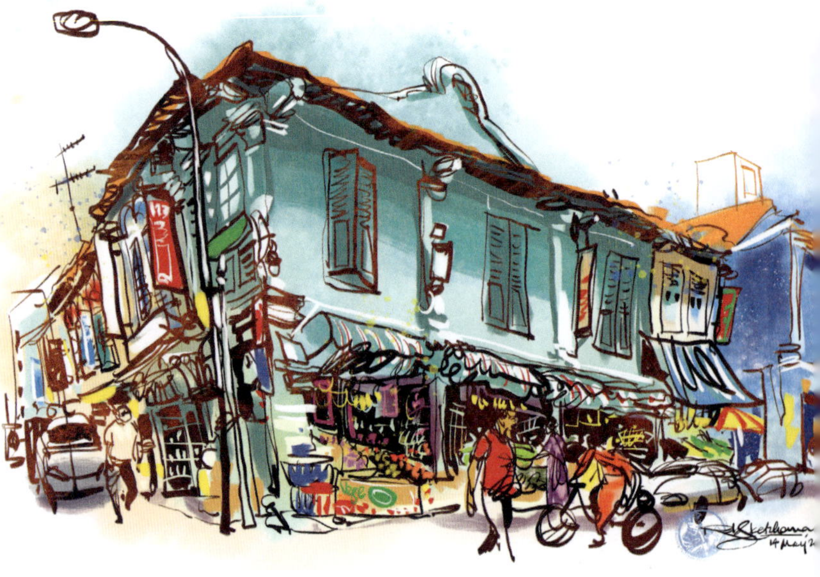

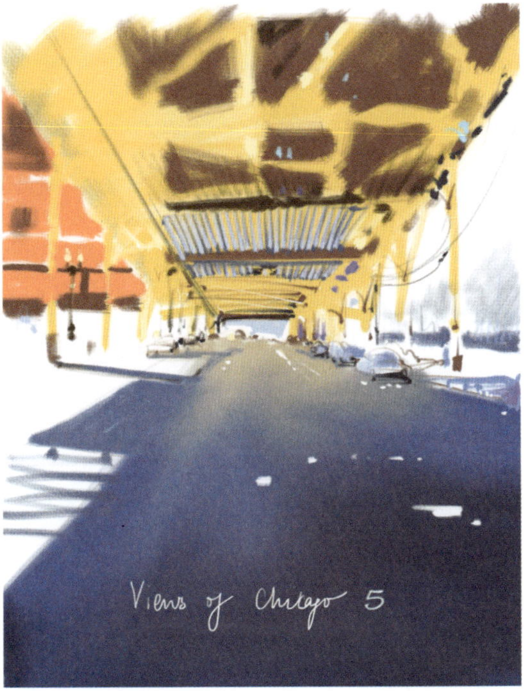

➲ **UMA KELKAR**
Unter der Brücke, Chicago
iPad Pro, Procreate, Apple Pencil

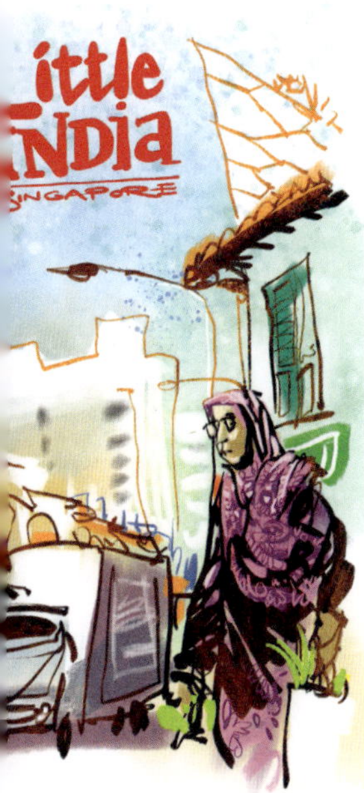

»Das iPad befreit mich von der Sorge, in welcher Reihenfolge ich Farben auftragen muss. Ich kann zuerst kühle Farben setzen und dann warme, und das Malwasser wird nicht schmutzig. Ich bekomme also immer ein sauberes Gelb, selbst wenn ich es erst ganz am Schluss male.«
Uma Kelkar

ÜBUNGEN

1. ☐ Probieren Sie ein Zeichenwerkzeug aus, das Sie noch nicht kennen.
2. ☐ Zeichnen Sie in einem Café und kolorieren Sie mit warmen Farben, um das gesellige Miteinander im Raum einzufangen.
3. ☐ Zeichnen Sie auf lohfarbenes oder graues Papier.
4. ☐ Zeichnen Sie mit einem oder zwei verschiedenfarbigen Kugelschreibern.
5. ☐ Skizzieren Sie die warmen Farbtöne, die die tiefstehende Sonne am Abend auf Gebäude wirft.
6. ☐ Zeichnen Sie das Motiv direkt mit Pinsel statt mit Stift oder Bleistift.
7. ☐ Zeichnen Sie mit einer eingeschränkten Palette von drei Primärfarben.
8. ☐ Zeichnen Sie monochrom mit einem für Sie neuen Zeichenwerkzeug.
9. ☐ Zeichnen Sie Schatten, aber konzentrieren Sie sich auf warme und kühle Farbtöne statt auf bestimmte Farben.
10. ☐ Setzen Sie im Zentrum Ihrer Skizze Komplementärfarben ein.
11. ☐ Malen Sie dieselbe Szene zwei Mal in zwei verschiedenen Tonwertskalen, einer hellen und einer dunklen.
12. ☐ Skizzieren Sie Bäume und mischen Sie Ihr eigenes Grün für das Laub aus Blau- und Gelbtönen.
13. ☐ Nehmen Sie für den Hintergrund ein anderes Zeichenwerkzeug als für den Vordergrund.
14. ☐ Kolorieren Sie den Himmel in einer anderen Farbe als Blau oder Grau.
15. ☐ Zeichnen Sie auf einem überfüllten Markt und verwenden Sie so viele reine Farben wie nur möglich, um Aktivität zu vermitteln.
16. ☐ Mischen Sie ein warmes Grau und ein kühles Grau und verwenden Sie beides in einer Skizze.
17. ☐ Zeichnen Sie dieselbe Szene zu unterschiedlichen Tageszeiten.
18. ☐ Zeichnen Sie mit nur drei Tonwerten: hell, mittel und dunkel.
19. ☐ Zeichnen Sie mit einem wasserlöslichen Stift und fügen Sie Tonwerte hinzu, indem Sie die Linien anfeuchten.
20. ☐ Malen Sie mit Aquarellfarben und setzen Sie die Linienzeichnung später.
21. ☐ Skizzieren Sie in einem analogen Farbschema.
22. ☐ Malen Sie zuerst den dunkelsten Bereich Ihrer Skizze mit einem Ton, den Sie aus dunklem Rot und Grün gemischt haben.
23. ☐ Gestalten Sie ein Aquarell Nass in Nass und mit trockenem Pinsel.
24. ☐ Skizzieren Sie eine nächtliche Szene auf dunklem Papier und setzen Sie Helligkeiten mit Pastellkreiden oder Gouache.
25. ☐ Skizzieren Sie von einem hohen Aussichtspunkt mit einem dramatischen Blick auf Wolken. Wie können Sie die Skizze emotional aufladen?

BETEILIGTE KÜNSTLERINNEN UND KÜNSTLER

Anderson, Mark Alan
Liberty, USA
https://justsketches.word
press.com

Bajzek, Eduardo
São Paulo, Brasilien
http://ebbilustracoes.
blogspot.com

Bing, Lady Katherine
Surabaya, Indonesien
www.instagram.com/
lkbing/?hl=en

Bissky, Wayne
Maple Ridge, Kanada
www.bisskyart.com

Ch'ng, Kiah Kiean
Penang, Malaysia
www.kiahkiean.com

Colley, Donald O.
Evanston, USA
www.buttnekkiddoodles.com

Cordero Hidalgo, William
Cartago City, Costa Rica
www.instagram.com/
williamcorderoh

Darris, Gérard
Lorient, Frankreich
www.flickr.com/photos/
106785043@N02

Gnyp, Brian
New Plymouth, Neuseeland
www.briangnyp.com

Godàs, Maru
Barcelona, Spanien
www.marugodas.com

Hein, Virginia
Los Angeles, USA
http://worksinprogress
location.blogspot.com

Holmes, Marc Taro
Montreal, Kanada
www.citizensketcher.com

Jaramillo, Omar
Berlin, Deutschland
www.omarpaint.de

Johansson, Nina
Hägersten, Schweden
www.ninajohansson.se

Johnson, Richard
Mount Airy, USA
www.facebook.com/newsil-
lustrator

Kelkar, Uma
San Jose, USA
www.umakelkar.com

Kowalski, Mike
Balwyn, Australien
www.mikekowalskifineart.com

Lim, Rooi Ping
Meadowbank, Australien
www.instagram.com/sket-
ching_rooism

Low, Don
Singapur
www.donlow-illustration.com

Palmuti, Renato
São Paulo, Brasilien
www.renatopalmuti.com

Rivolier, Marion
Paris, Frankreich
www.marionrivolier.fr

Rmyth, A.
Rouvenac, Frankreich
www.flickr.com/photos/
armyth

Serrano, Inma
Sevilla, Spanien
www.inmaserrano.es

Shirodkar, Suhita
San Jose, USA
www.suhitasketch.com

Sketcherman, Rob
Hongkong
www.sketcherman.com

Southern-Pearce, Pat
Blackburn, Großbritannien
www.instagram.com/
patsouthernpearce/

Strater, Susanne
Montreal, Kanada
www.susanne-strater.ca

Underhill, Tony
Flitwick, Großbritannien
www.flickr.com/people/
125818049@N05

Wang, Paul
Singapur
http://paulartsg.wixsite.
com/paulwang

Wright, John
Ottawa, Kanada
http://johnssketchjournal.
blogspot.com

Zarins, Gil
West Palm Beach, USA
www.gilzarins.com

DANK

In dem Moment, als ich die Urban Sketchers entdeckte, war mir klar, dass ich mitmachen wollte, doch ich hätte mir nie träumen lassen, dass ich eines Tages ein Buch schreiben und darin die fantastischen Skizzen von Künstlerinnen und Künstlern präsentieren würde, die ich so bewundere. Gabi Campanario danke ich für den zündenden Funken für diese tolle Gemeinschaft, Marc Taro Holmes dafür, dass er mir gut zuredete, die Worte zu meinen Bildern zu finden, und Stephanie Bower, dass sie mich mit meiner wunderbaren Lektorin Mary Ann Hall bekannt machte und mir den nötigen Schubs gab, das Buch zu schreiben. Ein herzliches Dankeschön allen Künstlerinnen und Künstlern, die großzügig ihre Skizzen beigesteuert haben. Eure Arbeiten inspirieren mich jeden Tag, und es ist mir eine Ehre, sie hier zu zeigen.

Mein größter Dank gilt nicht zuletzt meinem Mann Spyro. Dass ich so obsessiv zeichne, wäre ohne deine beständige Liebe und Unterstützung niemals möglich.

ÜBER DIE AUTORIN

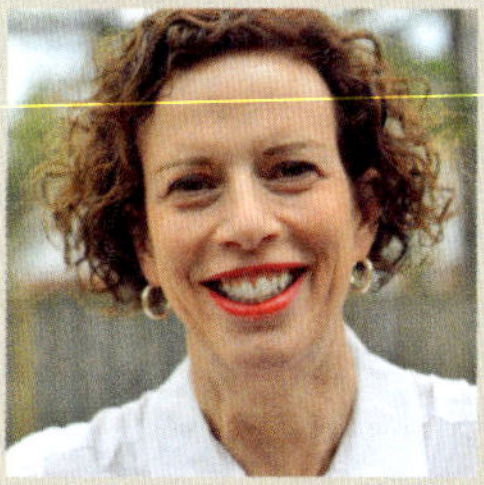

Shari Blaukopf ist Zeichnerin, Aquarellmalerin, Collegeprofessorin und Kunstbloggerin. Als Signature Member der Canadian Society of Painters in Watercolour hängen ihre Arbeiten in Unternehmen sowie in öffentlichen und privaten Sammlungen in der ganzen Welt. Shari ist Mitgründerin der Urban Sketchers Montreal und leitet Workshops in Europa und Nordamerika, sie hat bei Urban-Sketchers-Symposien sowie im Rahmen des Urban Sketchers Workshop Program unterrichtet. Sie ist in Montreal aufgewachsen, wo sie heute noch lebt und auf der Suche nach zeichnenswerten atmosphärischen Straßen und Seitengassen ständig neue Viertel entdeckt. Bei *Craftsy.com* finden Sie ihre Online-Kurse. Auf *www.shariblaukopf.com* und *www.blaukopfwatercolours.com* können Sie ihr folgen sowie auf Instagram *@sharisketcher*.